目 录

大气之都

京华揽胜

目 录

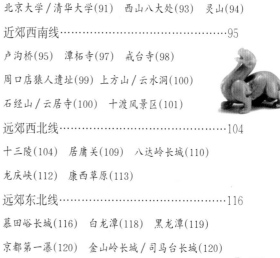

京都古韵

中国之旅热线丛书
ZHONGGUOZHILUREXIANCONGSHU

北京之旅

BEIJINGZHILU

广东旅游出版社

李力　章宜　编著

图书在版编目(CIP)数据

北京之旅/李力，章宜编著，

—— 广州：广东旅游出版社，2000.7

（中国之旅热线丛书）

ISBN 7-80653-107-6

Ⅰ.北… Ⅱ.①李…②章… Ⅲ.旅游指南－北京Ⅳ.K928.91

中国版本图书馆 CIP 数据核字(2000)第 16009 号

责任编辑：张　懿
版式设计：邓传志
电脑制作：陶玉钢
封面设计：邓传志
责任技编：黄晓彤

图片摄影：

杨澄、杨亦工、杨亦武、矢井一平、于世海、郭志全、
蔡璇、钟毅青、吴日初、朱卫星、刘传信等
《新周刊》提供了部分图片，特此感谢！
(由于种种原因，部分图片作者无法联络，烦请有关
人士与我社联系，以便支付稿酬。)

本书在编写过程参考了《北京导游基础》、《北京人手册》、
《老北京》、《环北京休闲旅游图册》等资料，一并致谢！

本书中所列的景点票价，仅供参考，如有变动，均以实地为准，敬请
读者谅解。

广东旅游出版社出版发行

(广州市中山一路30号之一　邮编：510600)
东莞新丰印刷有限公司印刷
(东莞市凤岗镇天堂围区)
850×1168毫米　32开　4.75印张　100千字
2000年7月第1版　2000年7月第1次印刷
印数：1～10000册
定价：26.50元

概说北京

北京，无疑是中华大地上最为令人神往的一个地方。

一座厚重悠久的文化古城，一个朝气蓬勃的国际都会，传统与现代并存，新旧交错，在这里，俯首皆是岁月封尘的记忆，到处都有令人雀跃的惊喜。

北京西拥太行，北枕燕山，东濒渤海，南面敞向华北大平原，是连接我国东北、西北和中原的枢纽，具有无可争议的"首都相"。在周口店厚达40米的文化遗物堆积中，保存着旧石器时期早、中、晚三期一脉相承的石器文化，说明我们的祖先在50多万年前已经在这里创造远古文化，揭开了人类历史的序幕。

从古之蓟城到唐之幽州，从元之大都至明清之帝京，今日之北京历经数朝经营，积淀下煌煌帝都景观和淳厚文化神韵，成为对游人最为独特和最有诱惑的吸引——"不说那天坛的明月，北海的风，卢沟桥的狮子，潭柘寺的松；唱不够那红墙碧瓦太和殿，道不尽那十里长街卧彩虹；只看那紫藤古槐四合院，便觉得甜丝丝、脆生生，京腔京韵自多情。"

古老之都，亦是现代之都。过去的50年，抹去了古老都城蒙上的岁月风尘。50年代的旧城改建，60年代的地铁营造，70年代的立交桥兴起，80年代的十大建筑，90年代的亚运场馆为北京城锦上添花。在这座城市中时时可以感觉到现代之风扑面而来，古老已不是她唯一的骄傲。

北京之旅，不仅是名胜风光之旅，也是一次难得的文化之旅。每一个人都会为这座宽容大气的城市而感动——为我们的北京，也为我们的祖国！

◎京腔京韵自多情

北京概况

座标: 北京市中心为天安门广场,其地理坐标为东经116°23′17″,北纬39°54′27″。

面积: 包括郊区区县总面积约16800平方公里。

行政区划: 共11区7县。城区为东城、西城、崇文、宣武;近郊是朝阳、丰台、海淀、石景山、门头沟、房山和通州区;7县为昌平、顺义、大兴、平谷、怀柔、密云、延庆。

四大高山: 灵山、海坨山、白草畔、百花山。

五大水系: 永定河水系、拒马河水系、温榆河水系、潮白河水系、沟河水系。

市花: 月季和菊花。

市树: 国槐和侧柏。

◎天坛祈年殿

北 京 市 全 图

气候着装

　　北京地区由于地处中纬，又在东亚大陆的东岸，气候受蒙古高压的控制，属温带大陆性季风气候，四季分明。冬季干燥寒冷，对南方游客来说，领略一下北国风光，十分难得；春季多风但百花盛开，万紫千红；夏季多阵雨，雨后视野清晰，色彩分明，摄影条件十分理想；秋天天气晴朗、温和，是一年中最好的季节，也是旅游的黄金季节。

　　在北京旅游，春天要注意防风；冬天要注意防寒，穿上暖和的衣物，并准备帽子和手套。

北京四季平均气温表 (单位:℃)

月　份	1	2	3	4	5	6	7	8	9	10	11	12
平　均	-4.4	-2.1	4.7	13.0	18.9	23.6	25.6	24.0	19.1	12.2	4.3	-2.3
平均最高	-1.1	3.8	11.0	19.4	25.3	29.6	30.3	28.9	25.5	18.7	10.0	3.0
平均最低	-9.7	-7.2	-0.9	6.5	11.9	17.7	21.5	19.9	12.1	6.8	-0.2	-7.0

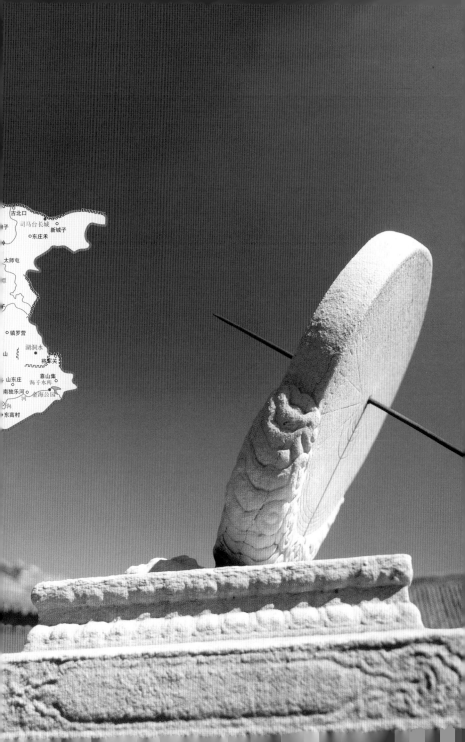

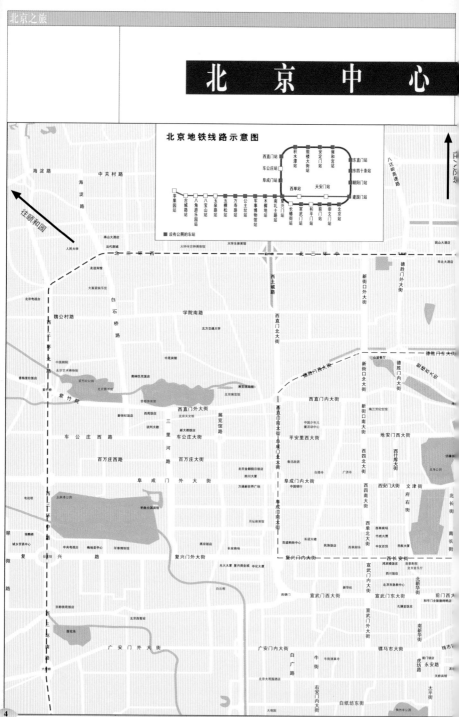

北 京 中 心

北京地铁线路示意图

区 示 意 图

往首都机场

北京市内交通

　　1.公共交通：北京市内公共交通十分便利，线路四通八达，由于篇幅所限，在此只列出市区内各电车、汽车线路的起讫站。在后文中各景点介绍后均附有详细的乘车指南，读者可配合查阅。

　　北京市内无轨电车及公共汽车票价均为一元，空调车和专线车月票无效，票价按路程递加。

◎旅游三轮车

◎车流

◎碧水蓝天

◎老前门火车站

1 路	八王坟－六里桥北里	43 路	团结湖－五间楼
2 路	海户屯－宽街	44 路	北官厅－新街口－豁口
3 路	广渠门－东单	45 路	五间楼－动物园
4 路	八王坟－马管营	46 路	广安门北站－高楼村
5 路	前门－德胜门	48 路	小马厂－光华路东口
6 路	北京游乐园－六里桥	49 路	真武庙－纪家庙
7 路	动物园－和平门	50 路	丽泽桥－永安路
8 路	光明楼－东单	51 路	肿瘤医院－劲松西口－肿瘤医院
9 路	金台路－前门	52 路	北京西站－平东园
10 路	北京站－复兴门	53 路	前门－莱户营
11 路	朗家园－半壁店	54 路	北京站－北京南站
12 路	五间楼－广渠门	55 路	祁家豁子－西安门
13 路	三里河－和平街北口	57 路	公主坟－八王坟
14 路	角门南站－后库	58 路	黄寺－东华门
15 路	动物园－天桥商场	59 路	前门－大观园
16 路	西直门－北太平庄	60 路	北京游乐园－地安门
17 路	前门－双庙	61 路	西单－南菜园
18 路	展览中心－小关北站	62 路	小营－和平里南口
19 路	动物园－莱户营	63 路	方庄南口－北京站
20 路	北京站－北京南站	64 路	天坛南门－左安路－天坛南门
21 路	北京西站－西直门	101 路	阜成门－红庙
22 路	前门－牡丹园	102 路	动物园－北京南站
23 路	虎坊路－化工路西口	103 路	动物园－北京站
24 路	北京站－左家庄	104 路	北京站－五路居
25 路	西直门－五间楼	105 路	白石桥－天桥
26 路	钓鱼台－官园	106 路	北直门外－北京南站
27 路	动物园－安定门	107 路	白石桥－东直门外
28 路	东大桥－左安东路	108 路	大屯－崇文门
29 路	东大桥－日坛路南口	109 路	北京西站－东大桥
30 路	大北窑－祁家坟	110 路	左家庄－天桥
31 路	大郊亭　红庙	111 路	白石桥－学文门
32 路	劲松－劲松	112 路	亮果厂－十里堡
33 路	军事博物馆－军事博物馆	113 路	安定门－大北窑
34 路	虎坊桥－大郊亭	114 路	紫竹院－白云路
35 路	友谊医院－大郊亭	115 路	霞光街－康家沟
36 路	天坛南门－左安路－天坛南门	116 路	和平车站－北京游乐园
37 路	三里河－平乐园	117 路	和平车站－甘露园
38 路	牡丹园－槐柏树街	118 路	平安里－红庙
39 路	北京站－铜厂	119 路	樱花园西街－安定门
40 路	公主坟－木樨园商场	120 路	左家庄－天坛南门
41 路	正义路－劲松	121 路	阜成门－定慧寺
42 路	十条豁口－甘石桥	122 路	北京站－北京西站

2.地铁：标志为字母BD组成的蓝色圆形图案，地铁第一条路线从西单到西郊石景山区的苹果园，第二条线为环城线，由建国门起；第三条线路为西单至建国门站的复八线。地铁实行单一票制，票价3元。

3.出租车辆

计程车：市内小型汽车。该车标志有：顶灯、运营证和服务胸卡。车内装有计程计价器。由于车型不同，计价亦不一样。黄面的、夏利车、富康车的起价均为10.00元/4公里，每公里分别为1.60元、1.80元、2.00元。远郊行驶及夜间行驶照章加价，约15%。

客运三轮车：北京的客运三轮是近年来随着旅游事业的发展而复苏的产物，一般采用个体经营、集中管理的形式。火车站、交通要冲、旅游热点等处，均设有出租站或停车点。流动车辆在街上可随意租用，一般说来价格较高一些，但观览街景甚为方便，凡正规注册的客运三轮车，车上有营运证，驾车人有服务胸卡。

自行车租赁：这一服务是为外地游客或外宾旅游方便而设的。北京许多饭店都附设自行车出租业务，每日租金20～30元，旅客交纳一定的押金后，即可骑上自行车四处逛逛。北京街头较大的修车铺也有此项目。只是车辆不如饭店的新，但租金较平。

北京对外交通

1.火车：北京有开往全国各地的火车，在此不便一一列出，但是北京的火车站共有4个：北京站、北京西站、北京南站、北京北站，旅客要注意区别。下面是北京部分订票热线及火车售票处资料，供有需要的游客参考。

◎北京站订票热线电话：65633662

预订北京站、北京南站、北京西站、北京北站等四个火车站3日至10日之内各次列车的剩余车票

◎北京西站客票中心订票电话：63217188

取票地点：①城乡华懋商厦一层；②东四北大街88号；③前门预售处（前门城楼东南侧）

◎西客站预售厅（北京西站南站房西侧一楼大厅）

售当日及以上北京站、北京西站、北京北站、北京南站各次列车软硬卧及软硬座车票

◎前门售票处（前门城楼东南侧）

售当日及以上北京站、北京西站、北京北站、北京南站各次列车软硬座及软硬卧车票

◎北京北站售票处（西直门地铁站西北方向）

售当日及以上北京站、北京西站、北京北站、北京南站各次列车软硬座及软硬卧车票

◎阜成门售票处（阜成门立交桥南150米处，马路东侧）

售北京站、北京西站、北京北站、北京南站各次列车硬座车票

◎北京站站前街售票处

预售各线票

◎人民大学售票处（中国人民大学正门南侧）

售北京站、北京西站、北京北站、北京南站各次列车硬座车票

◎北新桥售票处

预售团体票

◎北京南站售票处

售当日及以上的本站始发的快、慢车座票及卧铺票

◎北京站售票厅

自19：00起售第二天各线座票和卧铺票（各预售点剩余票）

◎老北京拉洋车的塑像

◎北京西客站

　　2.航空：北京拥有飞往国内各大城市的航班，在北京购买机票十分方便，各代售处遍布全城，并可为乘客送票上门，在各大宾馆酒店也可预订机票。下面所列为北京至全国各大城市航线里程票价表。

航线	航距(公里)	票价(元)	航线	航距(公里)	票价(元)	航线	航距(公里)	票价(元)
包头	579	470	杭州	1200	920	汕头	1902	1460
广州	1966	1360	海拉尔	1313	920	青岛	646	570
郑州	690	550	哈尔滨	1010	770	通辽	646	460
长春	933	770	银川	1107	820	济南	412	440
朝阳	387	280	南昌	1398	1040	黄山	1171	870
赤峰	338	260	昆明	2266	1450	深圳	2000	1400
长治	665	450	贵阳	2039	1380	太原	522	470
重庆	1640	1250	桂林	1853	1430	温州	1596	1240
长沙	1446	970	兰州	1356	1070	武汉	1133	860
成都	1697	1150	洛阳	735	550	襄樊	1017	710
常州	1016	770	连云港	705	550	厦门	1774	1370
丹东	849	480	牡丹江	1439	950	西宁	1780	840
大连	579	570	宁波	1338	940	宜昌	1205	1040
延安	829	680	南京	981	810	延吉	1196	900
福州	1681	1240	南宁	2213	1640	烟台	575	550
海口	2493	1800	上海	1178	900	湛江	2409	1710
呼和浩特	444	400	秦皇岛	399	220	吉林		660
乌鲁木齐	2842	1930	沈阳	649	560	锡林浩特	945	340
合肥	959	790	西安	1034	980	齐齐哈尔	1265	890

◎北京饭店夜景

◎大气的立交桥

3.长途汽车站：
⊙东直门长途汽车站
　　地址：东直门外斜街45号
　　电话：64674995
⊙西直门长途汽车站
　　地址：北京北站附近北下关2号
　　电话：62183454
⊙赵公口长途汽车站
　　地址：永外南三环中路34号
　　电话：67229491，67212593
⊙木樨园长途汽车站
　　地址：丰台区海户屯199号
　　电话：67267149
⊙莲花池长途汽车站
　　地址：丰台区六里桥
　　电话：63464027
⊙北京南站长途汽车站
　　地址：永定门火车站东侧
　　电话：63034307
⊙丽泽桥长途汽车站
　　地址：西三环丽泽桥东
　　电话：63403408，63475092
⊙九龙山长途汽车站
　　地址：朝阳区西大望路
　　电话：67762443
⊙广渠门长途汽车站
　　地址：广渠门外大街23号
　　电话：67717622
⊙八王坟长途汽车站
　　地址：西大望路17号
　　电话：67782747

北京主要宾馆酒店一览

北京的住宿十分便利，除了各个档次的星级宾馆，还有许多收费较低的招待所，不同层次的游客都可选择到自己的满意的住处。

五星级

北京饭店	地址：东长安街33号	电话：65137766
长城饭店	地址：东三环北路10号	电话：65005566
长富宫饭店	地址：建国门外大街26号	电话：65125555
贵宾楼饭店	地址：东长安街35号	电话：65137788
港澳中心瑞士酒店	地址：朝阳门北大街2号	电话：65012288
国际艺苑皇冠假日饭店	地址：王府井大街48号	电话：65133388
王府饭店	地址：王府井金鱼胡同8号	电话：65128899
京广新世界饭店	地址：朝阳区呼家楼路口	电话：65018888
昆仑饭店	地址：朝阳区新源南路2号	电话：65003388
燕莎中心凯宾斯基饭店	地址：朝阳区亮马桥路50号	电话：64653388
中国大饭店	地址：建国门外大街1号	电话：65052266
钓鱼台国宾馆	地址：海淀阜成路2号	电话：68591188
香格里拉饭店	地址：紫竹院路29号	电话：68412211
新世纪饭店	地址：首都体育馆南路6号	电话：68492001
希尔顿酒店	地址：东三环东方路1号	电话：64662288
华侨大厦	地址：王府井大街2号	电话：65136666

四星级

和平宾馆	地址：王府井金鱼胡同3号	电话：65128833
建国饭店	地址：建国门外大街5号	电话：65002233
京伦饭店	地址：建国门大街3号	电话：65002266
西苑饭店	地址：三里河路1号	电话：68313388
香山饭店	地址：香山公园内	电话：62591166
国际饭店	地址：建国门内大街9号	电话：65126688
首都大酒店	地址：前门东大街3号	电话：65129988
天伦王朝饭店	地址：王府井大街50号	电话：65138888
新大都饭店	地址：车公庄大街21号	电话：68319988
国贸饭店	地址：建外大街大北窑1号	电话：65052277
华润饭店	地址：建国路35号	电话：65572233
凯莱大酒店	地址：建国门南大街2号	电话：65158855
丽都假日饭店	地址：首都机场将台路	电话：64376688
五洲大酒店	地址：安定门外北辰路8号	电话：64915588
新万寿宾馆	地址：朝阳区将台西路8号	电话：64362288
渔阳饭店	地址：朝阳区新源西里18号	电话：64669988
兆龙饭店	地址：工体北路2号	电话：65002299
中苑宾馆	地址：西外高梁桥斜街18号	电话：62178888
友谊宾馆	地址：白石桥路3号	电话：68498888
亮马河大厦	地址：东三环北路8号	电话：65016688
赛特饭店	地址：建国门外大街22号	电话：65123388
大观园酒店	地址：宣武区南菜园街88号	电话：63538899
金台饭店	地址：地安门西大街38号	电话：63099111
德宝饭店	地址：西城德宝新园22楼	电话：63318866
国都大饭店	地址：首都机场南小天竺路	电话：64565588
北京皇家大饭店	地址：北三环东路甲6号	电话：64663388

三星级

北京展览馆宾馆	地址：西直门外大街135号	电话：68316633
华都饭店	地址：朝阳区新源南路8号	电话：65001166
民族饭店	地址：复兴门内大街51号	电话：66014466
前门饭店	地址：宣武区永安路175号	电话：63016688
天桥宾馆	地址：宣武区经路11号	电话：63012266
新侨饭店	地址：东交民巷2号	电话：65133366
燕京饭店	地址：复兴门外大街19号	电话：68536688

◎贵宾楼大酒店大堂

◎新世纪酒店

◎国际饭店

燕翔饭店	地址：朝阳区将台路甲2号	电话：64376666
保利大厦	地址：东直门南大街14号	电话：65001188
台湾饭店	地址：王府井金鱼胡同5号	电话：65136688
亚洲锦江大酒店	地址：工体北路新中西街8号	电话：65007788
金都假日饭店	地址：北礼士路98号	电话：68338822
天坛饭店	地址：崇文区体育馆路1号	电话：67112277
东方饭店	地址：宣武区万明路11号	电话：63014466
城市宾馆	地址：朝阳区工体东路4号	电话：65007799
光明饭店	地址：朝阳区亮马桥路	电话：64678822
二十一世纪饭店	地址：朝阳区亮马桥路40号	电话：64663311
奥林匹克饭店	地址：白石桥路52号	电话：62176688
梅地亚中心	地址：复兴路乙11号	电话：68514422
燕山大酒店	地址：信远路甲138号	电话：62563388
裕龙大酒店	地址：阜成路西钓鱼台40号	电话：68415588
日坛宾馆	地址：日坛路1号	电话：65125588
皇苑大酒店	地址：西三环北路厂洼小区19号	电话：68413388

二星级

北纬饭店	地址：宣武区西经路13号	电话：63012266
上园饭店	地址：海淀高梁桥斜街40号	电话：62251166
华侨饭店	地址：北新桥三条5号	电话：64016688
侣松园宾馆	地址：宽街大街板厂胡同22号	电话：64040436
礼士宾馆	地址：东四南大街礼士胡同18号	电话：65220033
新大都老楼	地址：西城车公庄21号	电话：68319988
德胜饭店	地址：北三环中路14号	电话：62024477
西直门宾馆	地址：西直门内大街172号	电话：66184455
珠穆朗玛宾馆	地址：鼓楼西大街149号	电话：64018822
哈德门饭店	地址：崇文门外大街甲2号	电话：67112244
天坛体育宾馆	地址：崇文区体育馆路10号	电话：67113388
陶然宾馆	地址：宣武区太平桥大街19号	电话：63543366
远东饭店	地址：宣武区铁树斜街90号	电话：63018811
芙蓉宾馆	地址：朝阳区十里堡	电话：65572921
国安宾馆	地址：关东店北大街1号	电话：65007700
国泰饭店	地址：建国门外永安西里12号	电话：65013366
惠侨饭店	地址：朝阳区新东路19号	电话：64918811
远方饭店	地址：朝阳区光熙门北里22号	电话：64225588
畅春园饭店	地址：海淀区西苑草场5号	电话：62561177
达园饭店	地址：海淀福缘门1号	电话：62561115
华水大厦	地址：海淀区北洼路12号	电话：68412233
蓟门饭店	地址：学院路黄亭子	电话：62012211
牡丹宾馆	地址：海淀区花园东路31号	电话：62025544
清华园宾馆	地址：海淀区成府路45号	电话：62573355

一星级

化轻工贸易大厦	地址：东城安外青年湖北里4号	电话：64214466
富国饭店	地址：西城区富国街2号	电话：66182255
北海宾馆	地址：西城地安门西街141号	电话：66162229
国务院二招	地址：西直门南大街6号	电话：66186688

◎夜激情

交通饭店	地址：东四块玉南街35号	电话：67112288
景泰宾馆	地址：永外景泰西里65号	电话：67224675
飞霞饭店	地址：西便门西里5号楼	电话：63012228
百灵饭店	地址：朝阳区左家庄前街1号	电话：64667744
大北宾馆	地址：建外大街郎家园甲1号	电话：65065511
华厦宾馆	地址：西城工体北大春秀路	电话：64155231
流芳宾馆	地址：德外裕民东里20号	电话：62042266
神木宾馆	地址：朝阳双井里14号	电话：67713355
海南饭店	地址：海淀区海淀南路15号	电话：62565550
西直门饭店	地址：海淀西外高梁桥斜街42号	电话：62257766
望海楼宾馆	地址：海淀玉渊潭公园内	电话：68514447
香山别墅	地址：香山公园	电话：62591155

◎燕京饭店大堂

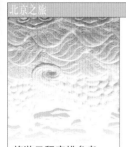

京华揽胜

北京是我国旅游资源最为丰富的一个城市，古迹多，名胜多，全市范围内散布着200余处观光景点，可分为10个系列：宫殿园囿、皇陵古墓、古建名迹、名山胜地、古刹宫观、自然风光、上古遗存、近代史迹、复古建筑、现代游乐。要想遍游，实是奢望，只有择精华游之。

◎冰糖葫芦

除此之外，京城传统与现代的文化活动各具特色，只可意会，难以言传，唯有亲身体验才觉其乐无穷。加上购物、美食，北京之旅的每一分钟都是宝贵和充实的。

到北京来，像天安门广场、故宫、天坛、颐和园、长城、卢沟桥、十三陵这些举世闻名的观光胜地皆是必游之处，而这些热点周围的景点则需合理安排路线，尽量多游一些。当然，北京之旅不是仅游一次便能尽兴的，有条件的游客可多游几次也无妨，包您每次都收获颇丰、喜悦颇多。

为了便于介绍起见，本部分大致将北京三环路以内的城区的景点组合为中心区、城西区、城东区，将三环路以外的景点组合为近郊西线、近郊西南线、远郊西北线、远郊东北线，详细介绍各个观光景点，并配有游览地图、旅游资讯。由于北京观光景点众多，安排组合性大，读者朋友们既可参考本书的路线安排，也可按自己兴趣设定，乘兴而至，尽兴而归。

旅游日程安排参考

散客精华游

一日游：天安门、人民英雄纪念碑、毛泽东纪念堂、人民大会堂、历史博物馆(只可匆匆浏览，不可停留太久)、故宫(重点参观中线建筑，时间许可才兼顾东、西路)、景山(边欣赏景色边吃餐以节约时间)、北海(登北塔眺望北京最美丽的城区，注意时间的控制)。

二日游：第一天安排与一日游同，第二天游长城、十三陵。可参加散客组团，也可自乘旅游专线车前往，亦可乘火车前往。

三日游：接"二日游"，第三天游览颐和园、五塔寺、动物园，下午返回市区逛逛胡同、老字号，并购物。

最佳四日游

第一日：(城区)天安门广场、故宫、景山、北海、天坛。

第二日：(西郊)颐和园、五塔寺、动物园。

第三日：(西山)卧佛寺、碧云寺、香山。

第四日：(长城)八达岭长城、十三陵。

从容七日游

第一日：

上午：天安门广场；

下午：故宫、景山。

第二日：

上午：颐和园；

下午：香山、碧云寺、卧佛寺。

◎宏大的太和门广场

中心区

在北京老城内城的建筑中轴线上，由南向北是正阳门、大明门、天安门、紫禁城、鼓楼、钟楼一字排开，本节介绍的中心区即在中轴线上，包括天安门广场、故宫、景山公园，位于北京市的中心。在这里，既可放眼壮阔的广场，又可漫步辉煌的宫殿。

天安门广场

在皇城的中轴线上，大明门(皇城的第一道门，清代改为大清门，后被拆)以及承天门(清代改称天安门)之间的"T"型广场即天安门广场，国家机构按文东武西的序列分列广场两侧。

新中国成立后，拆除了原有建筑，对广场进行了扩建：东边建成中国历史博物馆和革命博物馆，西边建成人民大会堂，中间耸立人民英雄纪念碑。扩建后的广场南北长880米，东西宽500米，面积达44万平方米，是当今世界上最大的城市中心广场。

为迎接建国50周年，北京市对天安门广场进行了改造。64组呈莲花形状的华灯全部刷漆和部分更新，加上重新恢复的四组高杆灯，广场的照度提高到最亮时的

天安门广场布局示意图

◎人民英雄纪念碑的"五四运动"浮雕

第三日：
上午：天坛；
下午：逛胡同、游王府井；
晚上：自由安排。
第四日：
上午：长城、居庸关；
下午：十三陵。
第五日：
上午：动物园、圆明园；
下午：亚运村。
第六日：
上午：北海；
下午：琉璃厂；
晚上：吃烤鸭。
第七日：
上午：雍和宫；
下午：国子监、孔庙，购物。

◎天安门城楼的灯笼

◎升旗

100勒克司以上。16万平方米的地面拆除旧的混凝土方砖，换成浅粉色花岗岩条石，广场周边方砖步道也改建成花岗岩步道。四周绿地面积扩大，金水河喷泉得到改造，整个广场焕然一新，蔚为壮观。

天安门

天安门是皇城正门，明永乐十五年（1417年）建，原名承天门，取"承天启运，受命于天"之意。初始，仅是一座三层楼式的木坊。清顺治八年（1651年）重建为宽九楹、深五楹的重檐歇山式顶楼，改名为天安门。皇帝在此颁发诏令，其仪式称"金凤颁诏"。皇帝每逢冬至去天坛祭天、夏至到地坛祭地，孟春到先农坛祈坛耕田，以及皇帝大婚或出兵亲征，都要从天安门通过。举子们的黄榜亦由此捧出。

华表

天安门前后共有华表四只，云龙雕柱，造型甚美，是主体建筑极好的陪衬物，使天安门显得更加威严壮丽。

该物起源很早，据说尧时已有，叫表木，为木制。形式很简单，是为听取意见而设，因而也称诽谤木。后来发展成路口的指路牌，称为华表。现在的华表已失去原来的意义，只起装饰作用，天安门前的华表建于明永乐年间，重4万余斤。承露盘上的小兽叫犼，头向南方，亦叫望君归。西华表上的残补处，是八国联军炮轰的罪证。

城门前面横跨着一条与故宫内相通的金水河，河上是汉白玉石建成的金水桥。天安门两侧的长安街上，在东、西面及南面原各建一门，南边是"大华门"，东边是"长安左门"，西边为"长安右门"，其造型庄严堂皇，绝美精致，现已被拆。

◎威严的天安门国旗护卫队

作为近代中国历史的见证者，天安门目睹了中国最后一个封建王朝衰落的悲

◎天安门

◎天安门广场是世界上最大的城市中心广场

凉，也目睹了一个动荡不安的中国所经历的苦难、屈辱和奋争。而当中华人民共和国的国徽悬挂在天安门城楼之上，这座历经了500多年沧桑的建筑伴随着飘扬在新扩建的雄伟壮观的广场上鲜艳的五星红旗，成为了新中国的象征。

数百年来，天安门城楼都是最高权力的象征，老百姓最多有"不到长城非好汉"的雄心，又有谁曾想过登上天安门城楼。1988年元旦，古老而庄严的天安门城楼第一次印下老百姓的足迹，向普通人敞开胸怀。从前只能以天安门城楼作背景留影纪念的游人，从这一天开始，可以把整个天安门广场都收进照相机的取景框中了。

◎天安门迎来的首批外国游客

◎许多中国人的像册中都有天安门前的留影

◎纪念碑夜景

人民英雄纪念碑

1949年9月，中国人民政治协商会议第一届全体会议作出决议，在天安门广场兴建人民英雄纪念碑。1951年国庆，在征集的200多幅设计方案中，决定以梁思成的设计方案为主，再综合其他3个方案，建筑纪念碑。1952年8月1日正式动工兴建。1953年重达百吨的碑芯巨石石坯自青岛运来，碑芯成品高14.7米，宽29米，厚1米，重60吨；碑身由413块花岗岩组成；碑基由17000多块花岗岩和汉白玉组成，面积3000多平方米。碑座四面嵌着8幅巨大的浮雕，内容分别为焚烧鸦片、金田起义、武昌起义、五四运动、五卅运动、南昌起义、抗日游击战争、胜利渡长江。人民英

◎人民英雄纪念碑

雄纪念碑矗立在天安门广场中央，与天安门遥遥相对，上有毛泽东题词："人民英雄永垂不朽"，背面是毛泽东起草、周恩来书写的碑文。

人民大会堂

1958年10月底破土动工，1959年8月竣工。从设计到建成仅历时一年。整组建筑平面呈"山"字形，正面墙呈"弓"字形。全部建筑面积达17.18万平方米。四周用143根巨柱支撑，金色大铜门5扇，国徽高悬在正门上方，极为宏伟壮观。中部是著名的万人大会堂，三层扇形会场可容纳10000人。穹窿形的顶篷，纵横排列着500个灯孔，灯火齐明时，顶部为巨大的红五角

◎天安门广场宏大壮阔

星，发出70道光芒，周围是葵花环及三层水波形灯槽。北部为宴会厅，东西长102米，宽76米，面积共7000多平方米，可供5000人宴会，万人酒会。南部是人大办公楼，包括全国各个省、市、自治区、行政特区各具特色的会议厅。

◎从天安门眺望大会堂

◎人民大会堂夜景

中国革命博物馆

天安门广场东侧的巍峨建筑，北半部是中国革命博物馆，南半部是中国历史博物馆。

中国革命博物馆于1959年8月建成。有二层展室，自1961年7月1日正式开放。以自"五四"以来的革命资料为主要展品，分为《近代中国陈列》和《当代中国陈列》各展厅内有图片、文字说明和大量实物。

中国革命博物馆中，有周恩来同志纪念馆。

中国历史博物馆

该馆前身是北京历史博物馆，成立于1912年7月。1959年从午门两庑迁入新馆。《中国通史陈列》是中国历史博物馆的基本陈列，展品跨越从奴隶社会夏商周到太平天国直至清王朝灭亡数千年历史，拥有文物、货币、书画等30多万件，分朝代展出。

◎中国革命博物馆和中国历史博物馆

问讯与求助

1、紧急求助电话
火警：119(或65250100)
匪警：110
交通事故报警：122
EMS上门取件：185
医疗急救
北京市急救中心：120(或65255678)
东城区急救站：64034567
海淀区急救站：62551759
宣武区急救站：63464404
石景山区急救站：68878956
朝阳区急救站：65024214
丰台区急救站：63823477
2、电信服务咨询电话
障碍台：112
报时台：117
长途电话业务咨询台：176
预报天气台：121
查号台：114
国际长途挂号台：115
国内人工长途查询台：116
国内长途半自动挂号台：173

毛主席纪念堂

天安门广场南部的方形建筑。1976年11月24日举行奠基典礼，基石埋在台基下，基石周围砌进了来自珠穆朗玛峰的石头，四周浇灌了来自台湾海峡的水。

◎毛主席纪念堂

1977年9月9日落成并正式开放。

纪念堂占地面积5.72万平方米，建筑面积2.8万平方米。主体建筑北门的两组泥塑以中国革命史诗为内容，东西两侧的旗杆代表中国的各个省、市、自治区。堂内由北大厅、瞻仰大厅和南大厅组成。毛主席遗体安放在大厅内的水晶棺内。水晶棺距地面80厘米，围以万紫千红的山花，簇拥着由黑色花岗石砌成的梯型棺座，四周嵌着党徽、国徽和军徽。北大厅上层为毛泽东、周恩来、朱德、刘少奇业绩纪念室。

★游览指南：乘1、2、4、5、9、10、20、22、37、44、48、52、54、57等路车可达天安门广场。天安门城楼票价15元，中国历史博物馆票价5元，中国革命博物馆票价2元。

◎正阳门和毛主席纪念堂

正阳门（前门）

正阳门，俗称前门，在天安门广场南端，是内城九门正南之中门，明朝永乐十九年(1421)始建，正统元

◎前门箭楼

3、火车站、飞机场问讯处电话

北京铁路局查号台：63211114

北京西站问事处：63216263

北京站问事处：65634432，65634452

北京南站（永定门）问事处：63030031，65637262

北京北站（西直门）问事处：65636223

160咨询台交通运输分台：1601688

168咨询台铁路客运售票网点查询电话：16830890

168咨询台铁路客运时刻表及票价查询电话：16830600

268咨询台列车时刻(票价)查询电话：26821396

266咨询台火车时刻查询电话：26628222

首都机场问讯处电话：64563604

160电话咨询台民航动态分台：1608833

168电话咨询台金融交通信息分台：16890688

266电话咨询台民航动态时刻查询电话：26697666

年(1436年)重修九门城楼。旧北京时期，正阳门是全城最高建筑，取"圣主当阳，日至中天，万国瞻仰"之意，主脊高42米，目前是北京所剩惟一完整的城楼和箭楼。现在城楼对外开放，经常举办各种展览。

　　★游览指南：乘2、22、54等路车可达。电话：65229386，65229382。票价：成人5元；学生3元。

◎正阳门

中山公园(社稷坛)

　　中山公园(社稷坛)位于天安门西侧，明清时是皇帝祭祀土地神和五谷神之处。该坛建于明永乐十九年(1421年)，辛亥革命之后，成为皇宫内第一个对外开放的公园，1928年为纪念孙中山先生改名中山公园。中山公园的中央是社稷坛，坛上的五色土，象征全国土地，即"普天之下，莫非王土"之意。坛上按东青、西白、南红、北黑、中黄的顺序

◎中山公园保卫和平坊

铺土，中心置一方形石柱，名"江山石"，喻意江山永固。

　　从祭坛往后走是拜殿，拜殿也叫祭殿或享殿，是一座建于明初的木结构大殿。殿中所有梁架、斗拱全部外露，不用天花棚顶。该殿为皇帝休息或雨天祭祀之处。1925年孙中山先生在北京逝世，曾在此殿停放棺椁，接受各界人士吊唁。1928年该殿改名为中山堂。在中山堂后面有一戟门，原陈列着72把铁戟，但在八国联军入侵时全部被掠走，现在只空留戟门，引人凭吊。

◎中山公园社稷坛

◎前门箭楼

城门

明京城城门"内九外七"。

内城九门是：正阳、崇文、朝阳、东直、安定、德胜、西直、阜成、宣武。外城的七门是：东便门、广渠门、左安门、永定门、右安门、广安门、西便门。

①古都城门十二景
"正阳石马"、"崇文铁龟"、"朝阳谷穗"、"阜成梅花"、"东直铁塔"、"西直折柳"、"安定真武"、"德胜石碣"、"西便白羊"、"彰仪金人"、"右安花畦"、"宣武水平"。

②进城车辆之规定
正阳门为京城正门，走皇辇宫车。
崇文门设鱼、酒纳税之所，故走酒车。
朝阳门为南米漕运入京之门。
东直门为木材入京之门。
安定门走粪车。
德胜门为出兵之门。
西直门走水车，因皇帝御用之水取自玉泉山。
阜成门为西山煤炭入城之门。
宣武门清代走囚车。

◎中山公园习礼亭

南门内花坛之北，有一座由大理石和蓝琉璃瓦建造的三间四柱三楼大牌楼。该坊原建在东单牌楼之北，总布胡同口外，名"克林德纪念坊"。第一次世界大战后即1918年迁建于此，改名为"公理战胜"坊，1952年改名为"保卫和平"坊。坊匾为郭沫若手书。

保卫和平坊的西北边为唐花坞，展出许多奇异花卉，对面是三面环湖的水榭，四宜轩独立湖水中央，景致幽雅迷人。唐花坞的西面为兰亭碑亭，亭中石柱刻有王羲之"兰亭序"和柳公权《兰亭诗》的模写品。

中山公园纯粹为明代完整遗留下来的建筑物，园内四季风味各异，古木参天、苍翠欲滴，深值一游。

◎中山公园唐花坞

★游览指南：出公园北门即到故宫午门，出公园西门可到北海。乘1、2、5、9、10、17、20、22、44、48、53、54、59、116、120、307等路车可达。电话：66055438，票价：3元。

劳动人民文化宫(太庙)

◎太庙享殿前的燎炉

太庙位于天安门东侧，是明、清两代皇帝祭祀祖先之处。始建于明永乐十八年(1420年)，明嘉靖年间及清顺治、乾隆年间均有改建。明清两代每逢登基、亲政、监国、摄政、大婚、上尊号、徽号、万寿、册立、凯旋、献俘、奉安梓宫，每年四孟及岁暮大袷，均需告祭太庙。

◎古柏

◎太庙享殿（皇帝祭祖之正殿）

太庙面积约14万平方米，庙中主要建筑为大殿、二殿、三殿。当年的太庙只有在祭祀活动时才显得热闹，其他日子，只有几个太监看守，非常冷清。大清皇帝逊位后，太庙按民国政府《优待条件》中的条款，仍由清室保管。1926年曾一度开放，北洋军政府将其命名为和平公园，但开放时间不长。

建国后北京第一个"五一"国际劳动节，即1950年5月1日，太庙南门门口悬挂起毛泽东同志所书"北京市劳动人民文化宫"的大字金匾，正式对外开放，成为普通民众的娱乐场所。

◎明成祖手植柏树

◎昔日的皇家禁地已成为大众的娱乐场所

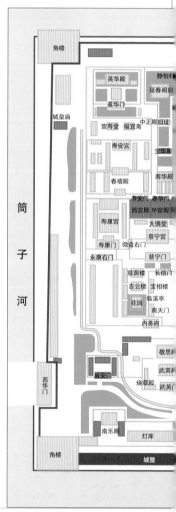

◎威风凛凛的鎏金铜狮

能工巧匠筑皇城

北京的紫禁城是从明永乐五年（公元1407年）开始筹备，永乐十八年完工的，施工中征集全国著名工匠10多万名，民夫100万。所用的建筑材料来自全国各地。木料来自湖广、江西、山西等省；汉白玉石料来自北京房山县；五色虎皮石来自蓟县的盘山；花岗石采自曲阳县。

宫殿内墁地的方砖，烧制在苏州；砌墙用砖是山东临清所烧。宫殿墙壁所用的红色，原料产自山东鲁山，加工在博山；室内墙壁上的杏黄色颜料产自河北宣化的烟筒山。

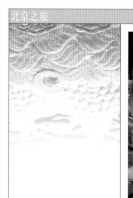

◎太和殿露台上之铜鹤

故宫

故宫位于北京市区中心，旧称紫禁城，是我国现存最大最完整的皇宫，在世界上也堪称最为壮丽的古代建筑群，迄今已近600年的历史。

紫禁城是我国明、清两代24个皇帝的皇宫，其名称系借喻紫微星垣而来。紫禁城占地72万平方米，呈长方形，南北长960米，东西宽750米，周围环绕有50米宽的护城河和10米高的城墙。共有宫殿房舍9000多间，雕梁画栋、殿宇辉煌，极尽华丽威严。

紫禁城从明永乐五年(1407年)开始筹备，永乐十八年完工，永乐十九年朱棣迁都北京。施工中征集全国能工巧匠10多万名，民夫100万。据记载，明代宫苑规制宏伟壮丽，紫楼叠阁，有的宫殿高达9层，但明末多被毁，现在游人所见为清代修建。

这一组规模宏大的建筑群按《周礼·考工记》中"前朝后市，左祖右社"的营建原则修建，结构严谨，色彩辉煌，布局规整。其中最主要的手段是突出了一条极为明显的中轴线。这条中轴线和整座北京城有机地结合为一体，总长度约8公里，在紫禁城内的部分，约占1/3。

◎昂扬铜龟诉说悠悠往事

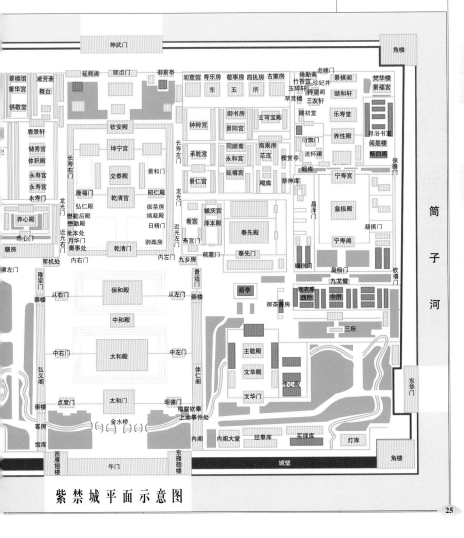

紫禁城平面示意图

故宫的建筑布局分外朝和内廷两部分。外朝是皇帝举行大典和召见群臣的主要场所，其中心建筑是太和、中和、保和三大殿，文华殿、武英殿分立两翼。内廷是皇帝处理日常政务和后妃及幼年皇子、皇女们居住、游玩、奉神的地方。由乾清宫、交泰殿、坤宁宫、东西六宫、御花园组成。建设者为了突出人王地主——皇帝至圣至尊的特殊地位，运用了多种建筑手法，

◎紫禁城的中轴线十分明显

使故宫建筑群有主有从、有尊有卑、脉络贯通、井然有序。紫禁城是我国古代建筑大师和能工巧匠们非凡技艺和丰富想象力的结晶，乃中国最宝贵的文化遗产。

"深宫恩怨浓，国事沧桑多"，故宫的建筑富丽堂皇，宫廷生活却是勾心斗角、骨肉相残，又奢靡腐败。漫步于高墙深院、金碧辉煌的帝王之家，总有一番追古抚今、沧桑人间的感慨和遐想。

◎末代皇帝溥仪与皇后婉容

◎过把皇帝瘾

◎紫禁城全景

午门

由天安门进去，往北就是端门，越过端门即可见到午门。午门为紫禁城正门，顺治四年（1647年）重建，高35.6米。三阙，上有重楼九楹，彤扉各三十六，明廊两翼，杰阁四耸互相连贯，俗称五凤楼。驾出午门去社稷坛时鸣钟，祭太庙时击鼓，当中正门只准皇帝、皇后的龙车、凤辇出入。左右掖门平时不开，惟有皇帝升殿视朝，文武百官各以东西班次由掖门入。殿试文武进士，单号进左掖门，双号进右掖门。

午门前的小广场可容二万余人。皇帝在立春日于午门赐春饼；端午日赐凉糕；重阳日赐花糕。农历十月初一，颁发次年历书。

◎金水桥与午门

廷杖

明朝规定，凡大臣惹怒皇帝而被批"逆鳞"者都来午门外受廷杖，最初只是象征性地责打，后来发展到打人致死，如正德十四年（公元1519年）皇帝朱厚照要到江南选美女，群臣上谏，皇帝发怒。大臣舒芬、黄巩等受廷杖者130余人，有11人被当场打死。

如遇出征或献俘时，皇帝在午门发布命令或接受降俘。凡大臣惹怒皇帝而被批"逆鳞"者，都来午门受"廷杖"。

过午门可看到内金水河，河水曲折多姿，形状玉带，又称玉带河，河两边的栏杆与河上的金水桥均用汉白玉石所建，华美威严。玉带河是通往太和殿必经之路。

三大殿

外朝三殿俗称三大殿，依次为太和殿、中和殿、保和殿，是中轴线上的主要建筑，也是紫禁城中最高大的建筑。东西两庑各32间，东庑正中为体仁阁（明代叫文昭阁），西庑正中为弘义阁（明代叫武成阁，珍藏《永乐大典》处）。

◎进入皇城

两庑之房是内府的银、皮、缎、衣、瓷、茶六库。

三大殿建在三层重叠的"工"字形汉白玉须弥座上，中上层各9级，下层台阶21级，也被称为丹墀或丹陛。每层丹陛上立望柱，柱头雕有精美云龙云凤图案；下卧地袱，配有排水沟伸出基座底部，石雕螭首的口中小孔即为出水口。整个基座上共有1142个出口水，遇上下雨，可见"千龙吐水"的奇妙景观。

◎金銮殿内的皇帝宝座

太和殿——紫禁城的正殿，也称"金銮殿"，是皇权的象征。每年元旦、冬至、万寿三大节时，皇帝才亲御此殿受贺；新帝登基、颁发重要诏书、发布新进士黄榜等国家大典也在此进行。

◎紫禁城建筑处处体现皇权威严

　　太和殿建筑堂皇庄严，殿内中央摆有金漆雕龙宝座，两旁直立6根蟠龙金柱，上为穹隆圆顶，称为藻井，镇压火灾之意。"井"内巨龙蟠卧，口衔宝球，称为轩辕镜，精美十分。

　　太和殿外左右安放4只大铜缸，象征"金瓯无缺"；东有日晷，西有嘉量，象征皇权公正平允；另有铜龟、铜鹤各一对，象征"龟鹤千秋"。

◎皇帝宝玺

◎雪后紫禁城

◎金龙藻井

中国地质博物馆

地址：西城区西四羊肉胡同15号

电话：66165566-8742

票价：成人8元，学生4元

中国农业博物馆

地址：朝阳区东三环北路16号

电话：65018877-2200/2260

票价：3元

◎故宫藏翡翠盆景

中国古动物馆

地址：西城区西直门外大街142号

鲁迅博物馆

地址：西城区阜成门宫门二条19号

电话：66162462，66162453

票价：成人5元，学生3元

中华航天博物馆

地址：丰台南大红门1号9200信箱4分箱

电话：68384451，68384457

票价：成人30元，外宾60元

中和殿——位于太和殿的后面，同样气象不凡。皇帝在去坛庙祭祀前一天，在此读祭文；每年二月皇帝去先农坛亲耕前一天，在此验看种子和农具；皇家玉牒每10年修一次，皇帝在此举行视看仪式；太和殿大朝时在此等时辰、休息；每年三大节皇帝在此殿接受贺礼。光绪皇帝变法失败后曾被拘于此殿。殿内留有的肩舆造于乾隆年间，一是黑漆金云龙纹，一是填漆彩绘云龙，由8人抬。

保和殿——为三大殿的末殿。明朝在此举行册封皇后、皇太子的仪式；清朝每年正月初一和十五在此宴请外藩王公大臣，公主下嫁也在此殿宴请三品以上大员。

封建科举考试的最高层次是殿试，但殿试处所改变多次。乾隆年间改在保和殿举行。殿试鼎甲（前三名)即状元、榜眼、探花，可以从宫城的正门御路走出，插花披红，跨马游街，享受封建时代读书人的最大荣耀。

太和门东侧金水桥的北边，太和殿的南面即是太和门，其东边有文华殿、文渊阁及清史馆等。文华殿为明代太子读书之处，明清时的春秋两季皇帝都在此讲学。

文渊阁是明清两代的宫内图书馆，明代曾收藏《永乐大典》正本。清代乾隆时仿宁波天一阁重建。

在文华殿北，有箭亭，广五楹，周以檐廊，中设宝座。宝座东有一卧碑，刻有乾隆帝上谕，警示后代不忘骑射。另有撷华殿，绿瓦三所，为皇子所居。

◎海水云龙丹墀

太和门西侧

主要建筑物有武英殿、南薰殿。清朝著名的《四库全书》、《古今图书集成》等，就是在武英殿集中文人学者编纂印刷而成，此殿还有木刻活字版的印书，又名"聚珍版"，极具

◎御用文房四宝

学术价值。其后敬思殿(原仁智殿)是明代命妇们朝驾中宫的地方。明末李自成入京时在此称帝；清朝入关，顺治帝也在此殿宣告登基。

南薰殿是清朝收藏历代帝后图像的地方，明朝原收藏在内府，至清朝时才改放此殿。

武英殿东有一断虹桥，石质上佳，为宫内诸桥之冠，桥上狮子雕刻精美绝伦。桥北有古槐排列成荫，俗称"十八槐"。

后三宫

乾清门以北为内廷，是帝后生活和居住的地方。乾清门为外朝与内廷之分界线，清朝皇帝在此"御门听政"(明代和清初均在太和门，自康熙起改在乾清门)，也就是听取大臣们的奏章。其西边几间较矮建筑为军机处，是中央的决策机关。乾清门内东面为上书房，是清代皇子皇孙读书之处；西面为南书房，著名的"康熙除鳌拜"的故事就发生在此处。

乾清宫——内廷正殿，宽九楹，深五楹，分东西暖阁，是明清两代皇帝的寝宫和平时处理政事的地方。雍正后寝宫迁往养心殿。此殿每年元旦、灯节、端午、中秋、冬至、万寿等节，

◎乾清宫内景

◎西洋自鸣钟

北京天文馆
地址：西城区西直门外大
街138号
电话：68353003，68354942
票价：12元
首都博物馆
地址：东城区国子监街13号
电话：64012118，64042407
票价：10元
大钟寺古钟博物馆
地址：海淀区北三环西路甲
31号
电话：62550843，62550819
票价：10元
北京艺术博物馆
地址：海淀区苏州街万寿寺
电话：68413380，68413379
票价：10元
北京航空馆
地址：海淀区学院路37号
电话：62017251-7523
票价：成人4元，学生1元
中央美术学院陈列馆
地址：东城区校尉胡同5号
电话：65254731-384
票价：2元
云居寺石经陈列馆
地址：房山区长沟乡云居寺
票价：20元
北京古代建筑博物馆
地址：宣武区先农坛东经路
21号
电话：63045608，63017620
票价：3元

按例举行家族宴。晚清时期，亦在此殿召集外国使臣，清朝有名的两次"千叟宴"皆在此殿举行。皇帝死后，灵柩停在此殿。明史上有名的"壬寅宫变"、"移宫案"、"红丸案"等史载专案即发生在乾清宫。宝座上方悬"正大光明"匾一方，是雍正之后皇帝秘密立储藏诏书的地方，颇有神秘色彩。

交泰殿——在乾清宫后，建置与中和殿相同。该殿是皇后每逢大典及生日受贺的地方。每年春季在此举行亲蚕仪式。殿内高悬康熙御笔"无为"二字，殿内存有玉玺25块（乾隆据《周易》天数二十有五之说置之），并有几乎与房子同样高大的铜壶滴漏计时器及西式自鸣钟。

◎铜壶滴漏计时器

　　坤宁宫——在明代是皇后的寝宫，嫔妃们则住在两旁的东六宫、西六宫，即人们常说的"三宫六院"。清代顺治十二年，按满族风俗，照沈阳(奉天)清宫之制重建，改为祭祀的场所，有朝祭、夕祭、春秋大祭等。东暖阁三间为皇帝大婚之所，内设龙凤喜床，皇帝结婚前三天须住于此处。

◎皇帝大婚的洞房

◎《光绪皇帝大婚图》局部

◎皇帝大婚用的百子被（局部）

御花园

原名宫后苑，今俗称御花园。花园巧纤雅丽，占地仅1.2万平方米，却容纳了大小20多座、十几种不同风格建筑，具有浓郁的宫廷气息。御花园正中间有天一门，过天一门就是钦安殿，钦安殿是御花园中的主建筑，也是皇宫中轴线上惟一的宗教建筑，内奉道家之神——玄武神。御花园中有数株连理柏，最引人注目的是在钦安殿前的一株，已有400余岁。

御花园内有分别象征春夏秋冬四季的四个亭子——万春亭、浮碧亭、千秋亭、澄瑞亭。园内的小甬路，路心是方砖，两侧用五彩小石子和瓦片组成720多幅、长达300多步的画，有《三国演义》故事及世象画等，维妙维肖。

北京名人故居纪念馆

宋庆龄故居
地址:西城区后海北沿46号
电话:64044205
票价:8元
郭沫若纪念馆
地址:西城区前海西街18号
电话:66181650,66182789
票价:3元
梅兰芳纪念馆
地址:西城区护国寺街9号
电话:66180351,66183598
票价:2元
徐悲鸿纪念馆
地址:西城区新街口北大街53号
电话:62252042
票价:普通5元;学生2元
齐白石故居
地址:西城区跨车胡同13号
詹天佑纪念馆
地址:延庆县八达岭特区
电话:69121006,69121106
票价:5元

◎御花园连理柏

◎贮水防火用的海缸

内东路

中轴线东侧，为东一长街，有一组由6个相同形式的院落组成的建筑，即"东六宫"。

景仁宫——迎门的汉白玉石屏据说是元代遗物。清末为光绪帝珍妃寝宫。

承乾宫——据说是顺治皇帝的爱妃董小鄂的寝宫，董小鄂深得帝宠，传说死后被追封为皇后，顺治帝也因此段情而出家避世。此宫后来为养鱼养鸟之所。

钟粹宫——原名咸阳宫，为太子所住。清末为光绪隆裕皇后的寝宫。宣统幼帝入宫后，曾在此宫住过。

延禧宫——因在道光三十年及咸丰五年两次遭火，遂改名为水晶宫。张勋复辟时，此宫被毁，后来改建了一所新式库房，成为宫中第一座钢筋水泥建筑。

永和宫——原为永安宫，崇祯时改为现名，光绪时瑾妃居此。现与承乾宫同为历代陶器馆。

景阳宫——明孝靖皇后曾居此宫。康熙二十五年重修后为藏书之所。现与钟粹宫同为织绣馆。

除六宫之外，还有一些建筑也在此范围：位于景阳宫之后的御书房，是乾隆鉴赏所藏宋版书画之处；斋宫，大祀前斋戒原须去天坛斋宫，自雍正后改在此宫内；毓庆宫：较为狭小，光绪帝幼时曾在此读书；奉先殿：供奉皇家先祖，每室一帝一后，如太庙寝宫。另有北五所和东三所，分别为如意馆、寿药房、敬事房、四执库、古董房和南果房、茶库、缎库。

◎康熙皇帝

郭守敬纪念馆
地址：西城区德胜门西大街甲60号汇通祠
电话：66183083
票价：0.5元

文天祥祠
地址：东城区府学胡同63号
电话：64014968
票价：成人1元；学生0.5元

茅盾故居
地址：东城区交道口后圆恩寺街13号
电话：64040520
票价：1元

老舍故居
地址：东城区灯市口西街

曹雪芹纪念馆
地址：海淀区香山正白旗村39号
电话：62591561-2083
票价：成人4元；学生2元

内西路

在中轴线西侧，有"西六宫"与"东六宫"对称，其建筑无论形式、规制、大小均与内东路对称。由于后来屡加改造，成为4个院落，8座主殿，现在这里是"宫廷史迹陈列展览"之处，每座宫殿均照原样陈列皇家的生活用品，颇值细看。

永寿宫——位于西六宫东南角。明代专横跋扈的宦官魏忠贤，曾以此为踢球处。

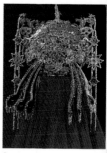

◎三龙三凤冠

翊坤宫——一向为西宫嫔妃所居，慈禧为贵妃时也曾居此。

储秀宫——廊前有铜鼎四座，龙、鹿各二。光绪之珍妃即在此殿被选中。清末慈禧即住过储秀宫和长春宫。宣统的皇后婉容也曾居此。

太极殿——原名未央宫，民国十三年之前，为同治瑜妃居所。

长春宫——四围廊下绘有《红楼梦》故事壁画。宣统的淑妃文绣曾居于此。

咸福宫——原名寿安宫，同治皇帝出生在此宫。

◎金丝翼善冠

◎铜龙戏珠

养心殿——位于乾清门的西边，西六宫的南端，与内东路的斋宫、奉先殿位置相对称。清朝自雍正后将养心殿作为寝宫，同时也是日常处理政务的地方。自雍正后，在养心殿发生了许多历史大事，见证了清朝的历史：咸丰与僧格林沁在此殿举行最隆重的"君臣抱儿礼"；同治七年，曾国藩在此殿被召见三次，商讨镇压太平军之事；慈禧所谓的"垂帘听政"也在此殿；隆裕太后颁布逊位诏书于此；"复辟"时张勋在此受赏……

养心殿东暖阁的陈设一如从前，当年慈禧就在此把持朝政。西暖阁是批阅奏折、处理文件之地。阁内迂回曲折，光线昏暗，伴有佛像、佛塔、极富神秘感。阁内南侧"三希堂"藏有王羲之《快雪时晴帖》、王献之《中秋帖》和王绚的《伯远帖》三件稀世墨宝。

内西路还有一些重要建筑：重华宫、崇敬殿、漱芳斋、御膳房。

◎金球仪

◎养心门

◎九龙壁

外东路

故宫东北部的一组建筑别成一格,建于乾隆三十七年(1772年),占地4.6万平方米,是乾隆为自己养老而建。

九龙壁——从乾清门往东过景运门、奉先殿,可看到一座琉璃壁,壁上雕有神态各异的九龙,腾云驾雾,昂然于碧涛之中,栩栩如生。此九龙壁与北海的九龙壁是同时完成。

皇极殿——九龙壁北行过皇极门及宁寿门,宽大的御道引领至皇极殿。该殿为外东路建筑主殿,仿制乾清宫,略小一些,重重楼阁殿堂,十分富丽堂皇,乾隆传位给嘉庆后即住进皇极殿。现为珍宝展览,藏有金佛塔、大禹治水玉山、象牙席等奇珍异宝。

宁寿宫——外东路亦统称"宁寿宫",但皇极殿后面的宫殿也称宁寿宫。殿内有煮肉祭神之大锅、木炕及宗教法器。慈禧在清末归政光绪后,就由慈宁宫迁居于此。

养性殿——仿养心殿而建,同样曲折迂回,辟有塔院作奉佛之所。

乐寿堂——本为书屋,东西廊嵌有敬胜斋法帖石刻百多块。

◎神奇的东方,好奇的游客

◎金佛塔

颐和轩——原为乾隆看书休息之所。现在的珍宝馆由养性殿、乐寿堂和颐和轩组成。

畅音阁——院内有一座高20余米的三层大戏台，分别称作福、禄、寿。慈禧每年都在此看戏。

景福宫——康熙时孝惠皇太后居此。乾隆四十九年（1784年）皇家五代同庆，额曰："五代五福堂"。

乾隆花园——位于外东路西北，占地狭长，却别有洞天。既有皇家富丽的大气，又具江南秀巧的清雅。园内亭台楼阁、曲径回廊、古树奇花引人入胜。

园中古华轩为繁枝茂叶所掩映，匾额为乾隆手笔。

遂初堂为一组三合院建筑，取乾隆祈求长寿归政养老初愿得遂之意。园落古朴静谧，园中耸立几块少见的太湖奇石。

耸秀亭在遂初堂北小山上，东南下为三友轩，以岁寒三友为装饰。再往北为萃赏楼，前后为回廊，可达山顶碧螺亭。此亭呈5瓣梅花

◎珍珠玛瑙盆景

◎乾隆皇帝

◎御用酒器

形，并以梅花装饰。

乾隆花园的最高建筑为符望阁。阁内结构复杂，有"迷宫"之称。阁旁有翠柏和修竹簇拥，是寻幽探胜之佳处。

园内的倦勤斋是乾隆游园休息的地方。"倦勤"含有乾隆"让位"的寓意。

另有一处值得一游的地方是珍妃井。此井在倦勤斋东、贞顺门内，原毫不起眼，但因珍妃被慈禧赐死于此井而闻名天下。

敬胜斋大火

1923年6月26日（农历五月十三），敬胜斋失火，随之火势蔓延，收藏大量珍宝的西花园殿宇区变成一片焦土。火灾后的确切损失，不得而知。清廷为了应付社会舆论，公布了一篇缩小若干倍的账目：烧毁金佛2665尊，字画1157件，古玩435件，古书数万册……

火后之垃圾，由城内一家金店以50万元的价格买下来，从中拣出17000多两熔化了的金块。余下的灰烬又装成许多麻袋，分给内务府的大小官员，其中有人从这些灰烬中提制了两座直径约1尺的黄金"坛城"。

◎珍妃井

外西路

西六宫之西的一组建筑，称外西路。此处是太皇太后、皇太后、太妃、太嫔们在皇帝丈夫死去之后闲度余生之地，主要建筑有慈宁宫、寿康宫、寿安宫、英华殿、雨花阁。

雨花阁后西花园曾经楼阁耸立、"复宇连云"，嘉庆将乾隆多年搜集的大量珍宝古玩和名家字画藏于此处。宣统退位之后，趁机盗卖奇珍异宝，加上1923年的一场大火使西花园的堂堂殿宇化为焦土，可惜无数珍宝字画或不知所终或化为灰烬。

外西路的慈宁花园虽不及乾隆花园别具匠心，但其宫廷式建筑富丽开阔，古树参天，让人油生肃穆之感。

★主要游线参考: 午门——太和门——太和殿——中和殿——保和殿——乾清门——乾清宫——交泰殿——坤宁宫——御花园——（东行）——珍宝馆——乾隆花园——九龙壁[（西行）——养心殿——储秀宫——神武门]

★游览指南: 乘1、2、5、9、10、17、20、22、44、48、53、54、59、116、120、307等路车可达。电话: 65132255。票价: 30元，通票45元。

◎深宫恩怨浓
国事沧桑多

景山公园

出故宫北门——神武门,正对着景山的正门——北上门,两者相距不过百步之遥。全园占地23万平方米。最高的中峰43米,海拔108米。

元代时这里有座小土丘,名叫青山,属于元大内后苑的范围。相传明代在北京修建皇宫时,曾在这里堆过煤,又称煤山。由于它的位置正好在全城的中轴线上,又是皇宫北边的一道屏障,风水术士称它为"镇山"。

◎故宫角楼夜景

◎景山东街景

乾隆年间,依山就势在5个小山峰上各建了一座亭子。从东往西依次的名称是观妙、周赏、万春、富览、辑芳。早年每座亭中都供有一位铜佛,总称五位神,又称五味神,即代表酸、苦、甘、辛、咸五味的神灵。1900年八国联军进京,抢走了四尊,当中的一尊曾幸存,但被砍伤左臂,后来亦去向不明。

景山名称的含意

首先是高大的意思,《诗·殷武》中有"陟彼景山,松柏丸丸"之句,指的是当年商朝的都城内有一座景山;其次,因为此处为皇家"御景"之地;其三,有景仰之意。

昔日北京城的制高点就是景山中峰的万春亭,它的位置高于皇宫,也高于三大殿上皇帝的宝座。在此处可观赏紫禁城全景,宫阙格局,纵横有致,一派帝京气象。

从南门入则看到供奉孔子的绮望楼,东麓原有一棵古槐,是明思宗崇祯皇帝亡国自缢处。此树后来用围墙圈起,树上挂一段铁索,称"罪槐"。八国联军进京时,盗走了铁链。"文革"时,把古槐当作"四旧"砍掉了。现在又在原址新植了一株。

◎景山西望白塔

景山后面有寿皇殿、观德殿,供奉着历代帝后。解放后,寿皇殿一组建筑改建为北京市少年宫,并做了一些修饰改建,中间的圆柱少年大厅与古老殿堂相映生辉。

★游览指南:乘101、111、103、109等路车景山站下。电话:64044071。票价:5元。

钟鼓楼的报时规则

　　每晚戌正时（晚7时）撞钟报时，称"定更"。每晨寅时（早5点）再次撞钟称"亮更"。清代乾隆以前钟楼昼夜报时，昼间正午鸣钟，夜间则报五个更次。乾隆之后才改为只报晨昏二次。届时由两名更夫分别登上钟、鼓楼，并把手中的"孔明灯"遥遥对照一下，互通信号，然后各自击鼓鸣钟。击鼓时，先慢打18下，稍快打18下，再快打18下，照此反复打两次，共计108下，即所谓"紧十八、缓十八、六遍凑成一百八"。在第二次快打的最后一下，要有一个停顿，这是告诉敲钟人作准备，随之钟声便飞扬出去。敲钟的次数和击鼓相同。在"定更"和"亮更"（或称"亮鼓"）之间，每隔半个时辰还要敲钟一下，亦是报时之意。

◎鼓楼大街

◎钟楼

鼓楼／钟楼

　　鼓楼位于景山后面，地安门大街的附近，北与钟楼相对，南与景山万春亭遥遥相望。钟楼是北京城中轴线北端的标志，距离鼓楼约100米。两者之间的小吃摊位市场热闹非凡。

　　两楼的钟鼓当年是用来报时，当鼓楼中的鼓一响起，钟声随之而和，鼓声纯厚低沉，钟声圆润宏亮，久久不散，京城内方圆十数里均可听到。

　　★游览指南：乘5、107路车可达，乘地铁亦可直达。电话：64012676，64041710，64016609。票价：5元。

◎灯火辉煌的东长安街

城西区

大致包括中轴线以西、三环路内的城区范围。由景山西行即进入此区，北海、什刹海、中南海、处处碧波荡漾、楼宇错落，是北京城里最美丽的景观。

◎红墙碧波

北海公园

北海并不在城内诸海之北，而是居中，但北海的景色却为诸海之首。其实北京的"海"并不是真正的"海"，而是湖泊，这些"海"可调节气候、美化环境，为京城增添秀色。北海公园是一座具有800多年历史的帝王宫苑，由于幸运地未遭战火洗礼，现仍可见到金、元、明时期的遗物。园内湖波轻荡，白塔倒影，与亭台楼榭交相辉映，真是风光无限。

永安桥

一进公园，即可见永安桥。桥前，湖光塔影交织，有如仙山琼阁。游人无不在此驻足留影，记录下美好的瞬间。

永安寺

跨过永安桥，便踏上琼华岛(白塔山)，山前建有永安寺。该寺由山门、法轮殿、正觉殿、普安殿、普因殿等建筑由低而高依山而建。寺内法轮殿后有"龙光紫照"坊一座。坊东西各有"引胜"亭与"涤霭"亭，亭内又各有一碑，东为《白塔山总记》，西为《白塔山四面记》，记载着修建白塔山的历史和景物状况，均系乾隆手书。

◎永安桥望白塔

◎造型浑实独特的白塔

白塔

白塔山山顶有藏式白塔，是顺治八年（1651年）在广寒殿旧址上建起的。其白塔造型浑实独特，在黄昏夕照下，别有一番风采，现已是北海的象征。该塔由塔基、塔身和宝顶三部分组成。塔基为砖石须弥座，塔身系砖、石、木结构，身上有306个通风口，当中有一根高九丈的通天柱，柱顶一金盒内装两粒"舍利子"。塔肚最大直径有14米；宝顶即相轮，也叫十三天，鎏金宝顶分别称天盘、地盘、日月火焰。

九龙壁上有多少条龙

九龙壁两面有由琉璃砖烧制的红黄蓝白青绿紫七色蟠龙18条。九龙壁为五脊四坡顶，正脊上两面各有九条龙，垂脊两侧各一条，正脊两吻兽上前后各一条，吞脊兽下，东西各有一块盖筒瓦，上面各有龙一条，五条脊共有龙32。筒瓦、陇陲、斗拱下面的龙砖上都各有一条龙（四周筒瓦252块，陇陲251块、龙砖82块）。如此算来，九龙壁上共计有龙635条。

琼岛春荫

白塔东边古树参天，清雍正十一年建有"琼岛春荫"碑，为燕京八景之一。观景处在悦心殿前，白塔山东麓的"琼岛春荫"碑为乾隆手书。

◎琼岛春荫景色依旧

阅古楼

阅古楼在山西侧，是一座半月形上下两层的楼房，每层25间。楼梯为螺旋式，称"蟠龙升天"。该楼保存有乾隆年间模刻的三希堂法帖。

漪澜堂

漪澜堂是昔日帝后们登舟泛湖之码头。乾隆时堂内经常召集官员及文人画家饮酒赏景。著名的仿膳即设在此，可以品尝各种清宫菜点小吃，十分精致美味。

◎后海小钓

濠濮涧

始建于明代，由于北面是先蚕坛，所以这里曾是洗蚕席的地方。中间建筑为小榭、三面环水，四周石山。水榭南有曲廊延至山顶，廊东为崇椒室，据说慈禧在夏季常来此听评书。

画舫斋

画舫斋在濠故濮涧北，是一座三进院落的殿堂。清代常有名画家进园作画，又因外形像一只浮在水面的船舫，故被称为画舫斋，门前曾是清帝检阅射箭之处。

静心斋

北海北岸最完美的建筑，碧池清水，曲桥回廊，十分清幽。原名镜清斋，建于清乾隆二十二年(1757年)，为皇子读书处。袁世凯执政时(1913年)将北园翻修，改名静心

◎曲桥回廊，清幽之处

◎老棋迷

斋，作为宴请外宾场所。解放后，这里是文史研究馆，溥仪的《我的前半生》，写作于此。

铁影壁

原料为棕灰色中性火山岩，雕于元代，长3.56米，高1.89米，两边各刻狻猊。该影壁原在德胜门外一古庙，后移至德胜门内护国德胜庵前作照壁，铁影壁胡同即由它得名。1947年运到北海。

◎北海九龙壁

九龙壁

北海的九龙壁是我国现有三座九龙壁中最有特色的一座。两面由琉璃砖烧制的红黄蓝白青绿紫七色蟠龙18条，神韵生动，气势不凡，实属艺术极品。

◎静心斋

北京的文化娱乐

首都是文化之都，艺术节目丰富，设施一流，观赏效果各具特色。娱乐活动也精彩纷呈。

剧场

中国剧院位于万寿寺。设有多功能机械化舞台，并配有先进的音响系统和调光系统。人民剧场在护国寺街74号。建筑具民族风格。舞台宽12米、高7米、舞台深度17米，两侧配有副台。主要用于京剧、话剧演出。首都剧场在王府井大街22号，是北京人艺的大本营。主演话剧。广和剧场位于前门箭楼南侧。明代始建，旧名"查家楼"、"广和楼"。舞台宽，主要演出戏剧。保利大厦剧场、湖广会馆大戏楼等近年新建、修建，剧场演出条件更堪称一绝。

电影院

大观楼影院位于大栅栏街，采用6路立体声放音设备和大平面银幕。祥云环幕娱乐厅，在新街口外大街32号，环幕电影由9台摄影机同步全景拍摄，再由9台放映机同步在环形银幕上放映，使观众有临场感。珠市口影剧院位于珠市口西大街，

◎铜人承露盘

小西天

观音殿俗称小西天，始建于清乾隆三十八年（1773年），方亭型建筑。亭内原有观音像和五百罗汉像，颇具仙境气氛，犹如西天极乐世界。现在殿宇已修复，殿内曾举办冰灯展。从这里沿海西岸南行，可出公园西南门。

五龙亭

五龙亭原是明代泰素殿旧址。中为天象（圆形亭），两侧为地象（方形亭）。五亭名称，由东自西分别为滋香、澄祥、龙泽、涌瑞、浮翠。这里是帝后们钓鱼看焰火的地方。

★游线参考：进南门——永安桥——永安寺——白塔——琼岛春荫——濠濮涧——画舫斋——静心斋——天王殿——九龙壁——植物园——铁影壁——小西天——五龙亭——乘游船——仿膳——阅古楼——出南门

★游览指南：乘101、13、103、109、107、111等路车可达。电话：64071415。票价：5元，通票10元。

◎五龙亭

◎白玉佛

团城

团城坐落在北海南门外西侧，是一处高4.6米的城垛式建筑。这座风格独特的小型园林，与北海、中南海构成了最为赏心悦目的风景区。金鳌玉蝀桥像一条玉带拦腰而过，北面是亭亭玉立的白塔，西南面是微风荡漾的碧波，东南面是金碧辉煌的故宫博物馆，令人流连忘返。

城上主体建筑是承光殿，乃元代仪天殿的原址，精巧华丽，式样颇似故宫角楼。殿内供一尊嘉庆时西藏进贡的玉佛，亦相传该玉佛是晚清僧人明宽从缅甸募化而来，献给慈禧太后的。该羊脂玉佛洁白光润，雕刻精美，华贵端庄。

承光殿前庭院中，有一座引人注目的蓝顶白玉石亭，即玉瓮亭。亭中玉瓮名渎山大玉海，亦称大玉瓮，重3500公斤，由一块整玉雕成，上面刻有鱼龙海兽及汹涌波涛，十分传神。元

◎拥有爵位的苍劲古松

帝忽必烈曾用它来盛酒宴赏功臣，后流落民间，不知其珍贵而被当作菜瓮，历尽艰辛，才于乾隆十年"千金易还"，放在此处至今。在承光殿旁有一株苍劲古松，相传是当年因乾隆皇帝在树下纳凉而钦封的"遮荫侯"，为了免它孤单，又封了一株为"探海侯"（因施工不慎已死）和一株"白袍将军"，小小的团城十分热闹，竟住着"二侯一将军"。

★游览指南：乘101、103、109路车可达。

◎街头烤红薯

◎花园一景

萤火虫歌舞厅等纷纷走红京城。

KTV

歌与舞一样火爆，而KTV的韵味也悄悄地趋向高雅。Parati娱乐城以浓郁的异国风情著称，大堂是纯正的巴西风情，巴西木、皮革挂画、泥制工艺品、巴西民乐刻意营造异国气氛。"法国往事"展示18世纪末法国宫廷生活场景，豪华的天鹅绒沙发、铜网吊灯、金色雕花镜、丝绒帷幔构成金黄和火红为主的色调。"梦幻"则带来又神秘又浪漫的感官刺激。"弗斯茅屋"、"印加部落"、"石器时代"、"冰岛小屋"，

恭王府花园

恭王府花园位于什刹海西侧的柳荫街，是北京城内数十座王府花园中规模最大的、也是唯一一处以花园的名义公开开放的王府。

恭王府是晚清恭亲王奕䜣的府邸。奕䜣是道光皇帝之子，咸丰皇帝之六弟，在同治、光绪两朝综理国家大政及外交事物，为清代后期重要历史人物，其花园幽雅秀丽，极尽造园艺术之精妙。奕䜣死后，其孙溥伟继承亲王，但长居此府花园者，则是溥伟之弟溥儒先生。溥儒号心畬，以画家、书法家、诗人驰名中外，故花园之中无处不留有文人画家之逸闻佚事。

恭王府花园又名萃锦园，占地2.8万平方米，古建筑31处，全园布局分中、东、西三路。

中路建筑是花园主体，景观有：独乐峰、海渡鹤桥、安善堂、韵花簃、滴翠岩、秘云洞、福字碑等。

◎大戏房

东路主要建筑是大戏楼，为三券勾连搭全封闭式结构。清代称大戏房，建筑华丽，布置奢侈，是当时王府中主仆演戏自娱的地方。这里也是当时王府中筹办红白喜事的地方。

西路主要景观是"湖心亭"，以水面为主，中间有敞轩三间，是观赏、垂钓的好去处。水塘西岸为"凌倒影"；南面有"浣云居"，南岸山上建有榆关；北岸轩馆名"花月玲珑"及"海棠轩"。

★游览指南：乘13、107、111、115等路车，在北海后门下车北行可达。电话:66180573。票价:5元。

◎后花园西洋门楼

中南海

北海南边的中海和南海一起被称为中南海。1900年，八国联军曾将这里作为"联军统帅部"。新中国成立后，中央人民政府机关设在此处，中共中央、国务院也在此办公，多位国家领导人在此居住。1980年5月以来，中南海最优美的部分对外开放，每到周六、周日，有组织地接待群众参观游览。开放部分包括毛主席故居、静谷和南海的瀛台，揭开了多年来神秘的面纱，颇值一游。

◎中南海紫光阁

游人可从南长街81号进入中海，从流水音西行，过蜈蚣桥，即到清代勤政殿故址。过勤政殿西的结秀亭，即到丰泽园，园的匾额为乾隆手书，此处原为清朝皇帝去先农坛亲耕前演耕之处。丰泽园的主体建筑为颐年堂，东西厢房的匾额为慈禧手笔。

在颐年堂东面的"菊香书屋"是当年毛主席的故居，十分清幽典雅，院中对联为康熙所书："庭松不改青葱色，盆菊仍霏清静香"。院内书房、卧室、办公室、起居室，均按原貌陈设。

著名的怀仁堂、紫光阁也在中海。

南海在中海之南，二者以蜈蚣桥为界。南海中主要建筑在瀛台。清代皇帝每年祭祀社稷坛后，来此更衣，然后赴畅春园给皇太后请安。上元节时，皇族人等来此观看焰火。乾隆幼时曾在这里读书。光绪变法失败后，被囚禁于瀛台的涵元殿，1908年11月14日寂寞死去。

新华门是南海南方正门。此处原是宝月楼，建于乾隆二十三年(1758年)，登楼北望可见海中仙山，南望即见长安大道的繁华市景，一仙一凡只在瞬间。传说此楼是乾隆为解香妃思乡之苦所建。乾隆建此楼后，下令将新疆回民迁来一部分，居住于长安西街，其住宅建筑形式、清真礼拜寺皆依照回族的传统。香妃可登楼一望，了却多年思乡之苦。

◎牛街清真寺

游客尽可"望文生义"。海地曼音乐厅、朗伯思俱乐部等也各有特色。

游艺

游艺以近年兴起的匹特拖枪战最吸引人，但城内场所不多，万芳亭可一去。喜好运动的朋友还可以去西单华威大厦八楼游乐场一试身手，北京游乐园、国泰游艺城(分布在崇文、海淀)也颇受青睐。保龄球进入大众生活是近年的事，但场所多藏身于宾馆、饭店内，如丽都假日、新世纪、康乐宫、赛特俱乐部等。

泡吧

近年在年轻人中十分流行。北京的酒吧数量多，情调好，感觉不错。三里屯酒吧一条街是泡吧人士的必去之地。

◎清代象牙雕工艺品

◎宋庆龄故居

白云观溯源

白云观的历史与全真派门人丘处机密切相关。丘处机字通密，号长春子，因奉元太祖成吉思汗所召，西行万里，进言治国之法而受到称赞。成吉思汗命其掌管天下道教，将金中都城内的太极宫改名为长春宫，为常驻之所。

丘处机仙逝于元太祖二十二年，其弟子尹志平买了长春观东边的房舍，命名为白云观。第二年，在观内建处顺堂，作为埋葬丘真人遗骨之地。

元代末年战火仍频，而白云观独存。明洪武二十七年，重修了前后二殿和一些附属建筑。正统三年至八年，买周围民地扩大庙宇规模，又重修、添建殿堂，进行大规模建设，此后规模较为完善。

宋庆龄故居

西城区后海北沿46号的一座花园式住宅，便是北京宋庆龄故居。高大的门楣上悬挂着书法家舒同题写的"中华人民共和国名誉主席宋庆龄同志故居"的黑底金字匾牌。这里原是清初康熙年间大学士明珠宅第的一部分。后来成为溥仪之父载涛醇亲王府邸的花园。1962年在原有建筑西侧接建一座中西合璧的二层小楼，辟成一处安适恬静的小庭院。1963年宋庆龄女士70寿诞时迁入此宅，共在这里生活、工作了19年。室内日历翻到1981年5月29日，即她逝世之日；挂钟指针停在20点18分，即她心脏停止跳动的时刻。

★游览指南：乘5、27、44、55、305、315、345、344、348、919、920等路德胜门站下车。电话：64044205。票价：8元。

白云观

白云观位于滨河路，今为道教协会所在地，有"全真第一丛林"之称。

白云观的建筑，体现了我国明清以来建筑的传统布局规则。主要殿堂在中轴线上，院落宽敞，对称的廊庑庄严肃穆；东西两路则是较小的庭院和单体殿堂的组合，为突出中轴线上的主殿起到陪衬作用。

中轴线上主要建筑有棂星门、灵官殿（内奉王灵官像，为道家护法镇山门之神）、钟鼓楼（与众不同东鼓西钟）、玉皇殿（内奉玉帝）、老律堂（内奉全真道祖师王重阳七大弟子）、丘祖殿（内奉长春真人丘处机）、三清阁、四御殿等。

西路各殿堂则主要供奉民间传说中的各路神仙，有祠堂（供奉白云观历代方丈之神位）、元君殿（内奉专管人间祸福的碧霞元君）、文昌阁（奉祀文昌帝君和孔子）、元辰殿（供奉六十甲子星宿神像）、八仙殿、君祖殿（奉祀吕洞宾）等建筑。

◎白云观牌坊

北京动物园

北京动物园位于西直门外。该处遗址在明代曾是皇室庄园,至光绪年间,慈禧太后为观赏动物而改为万牲园。1955年改名为北京动物园。

园内建筑有5万多平方米,东部是小动物园、猴山;东北部是象房、熊山;北部有狼山、狮虎山、河马馆、犀牛馆、长颈鹿馆、鹿苑、热带鱼馆;西南有海兽池、海兽馆、两栖爬虫馆;中心部是水禽湖,临近出口是熊猫馆。在这些兽舍和场馆中展出我国珍奇动物和来自世界各地有代表性的动物600多种,是我国面积最大、动物种类最多的动物园。从东到西环园游一周得花大半天时间,所以许多人逆道西行,先看大熊猫,再看其他动物。

◎小熊猫

◎虎威

1999年3月27日,北京海洋馆在北京动物园落户并正式开放。这个中国最大的海洋馆号称"永远超乎你的想象"。在想象之内还是想象之外,游者一去便知。

★ 游览指南:乘7、15、19、45、332、334、347、360、904、102、103、105、107、111等路车可达。电话:68314411。票价:3元。

旅游咨询及投诉电话

北京市旅游局:65158255,65130828

顺义县旅游局:69429918

海淀区旅游局:62640308,62564455-288

丰台区旅游局:63862123

大兴县旅游局:69243733-3214

石景山区旅游局:68862109

平谷县旅游局:69991186

门头沟区旅游局:69845145

怀柔县旅游局:69646250,69622508

房山区旅游局:69366675

密云县旅游局:69941194

通州区旅游局:69546015

昌平县旅游局:69744656,69704656

延庆县旅游局:69192391

出租汽车管理局投诉电话:68351150

◎和平共处

紫竹院公园

位于动物园的西边。元朝名将郭守敬为了将玉泉山及沙河水引入京城而兴建运河及水池，至明朝时在水池及运河旁建造了万寿寺和紫竹院，即现今的紫竹院公园。该园最迷人之处，就是那一大片青翠苍绿，掩映于河水之中，清新得令人眼眸为之一亮，恰如不加粉饰的纯真少女。暖春时节赴游景色最为宜人。

◎紫竹院的绿清新怡人

★游览指南：乘114、323、334、360、374等路车可达。电话：6842055。票价：0.3元。

钓鱼台

◎钓鱼台

钓鱼台位于阜成门外。月坛西边的大湖由源白于泉水江的江水汇流而成，元朝时称"五渊潭"，钓鱼台的历史可追溯到800年前，金代章宗皇帝于此地垂钓而得名。1959年，在风景区建立国宾馆，成为国家领导人进行外事活动的重要场所。院内山戴亭而水绕阁，古木茂密，绿草茵茵，石桥小径，松石流泉，别有幽静之趣，完美体现了中国古典园林的艺术特色。

◎潇碧轩

◎养源斋

陶然亭公园

位于宣武区的陶然亭公园，不同于北京城内的其他园林。它以优美的自然风光、流畅自如的布局而自成特色，与皇家园林的金碧辉煌、肃穆庄严相比，独具一股陶然自得的韵味。

该园既有历史悠久的胜迹，又有近代革命者的足迹，更有建国后兴建的新景观，令人留连忘返。

◎陶然亭韵味独特

★游览指南：乘14、40、59、102等路车可达。电话：63536526。票价：0.2元。

大观园

大观园位于市区西南，宣武区护城河畔，园址前身系清代皇家茶园，地名南菜园。这处景观既非前朝古建，更非上古遗存，而是一处仿古园林。大观园根据清代的文学家曹雪芹在其巨著《红楼梦》中创作的典型环境，将文字变成了现实，园中建筑、水系、山形、植物花卉、小品等，均力图忠实于原著。

◎黛玉葬花

大观园工程从1984年6月开工，至1988年竣工。全园总面积为12.5万平方米，建筑面积8000平方米。

怡红院是《红楼梦》中男主人公贾宝玉的居处，故而建筑雍容华贵、富丽堂皇。潇湘馆在怡红院东，隔路环水、翠竹掩映、回廊曲折，与潇湘妃子林黛玉孤高自傲、多愁善感的性格相吻合。蘅芜院在园内东北角，三面环水、西面靠山，是"金玉良缘"中金锁佩带者薛宝钗的住所，院落四称、建筑规整。

◎宝玉悟情

缀锦楼中住着迎春。秋爽斋中住的是探春。

全园中部是一大片水域，水域南部为藕香榭；园西南隅为滴翠亭；园东部为稻香村。

◎大观园夜景

园北部有一组金碧辉煌的建筑即元妃省亲时之行宫——大观楼，南临水域，东倚山峰，最南端是一座大石牌坊，额曰"省亲别墅"。院内正殿为"顾恩思义"殿。

大观园内还有暖香坞、芦雪庭、红香圃、嘉荫堂、翠烟桥等建筑，点缀于山水之间，使全园建筑相互联系、脉脉相通、构成和谐的整体。

★游览指南：乘3、19、59、351等路车可达。电话：63541345。票价：10元。

◎元妃省亲的表演

五塔寺

五塔寺位于北京动物园的北边，五座塔矗立在台座上，其造型建筑及雕刻图法皆源自于印度的"佛陀伽耶"精舍。远在明朝永乐帝时，因印度僧人奉献"佛陀伽耶"城的模型而兴建此寺，可惜在义和团事件中受到波及，仅剩下这孤单的五塔。

◎五塔寺雪景

城东区

大致包括中轴线以东、三环路以内的城区范围。该区以科学文化方面的景点著称。

雍和宫

黄瓦朱墙的雍和宫在故宫的东北，北新桥北街路东，是北京最大、保存最完好的喇嘛寺。建于清康熙三十三年(1694年)，原为康熙四子胤禛的府邸，雍正三年始称为"雍和宫"。雍正驾崩后，他的灵寝停在雍和宫内永佑殿。为此，将殿宇升级，在15天内把原来的绿色琉璃瓦全部换成黄色，虽然雍正之棺椁后葬在西陵，但因其"御影"留在这里，所以雍和宫又称雍正祠堂。乾隆九年(1744年)，雍和宫正式改为喇嘛庙。

◎四大天王中的广目天王

雍和宫南北长400米左右，占地约6.64万平方米。殿宇结构奇特美观，融合了藏汉二种式样的建筑风格，既有宫殿金碧辉煌的华丽，又有古刹庄严肃穆的气氛，还是一个丰富奇特的文化艺术宝藏。

天王殿

由昭泰门进入首见天王殿，内奉弥勒佛及四大天王，东方天王手持琵琶，西方天王两手各拿长蛇及多宝，南方天王手持宝剑，北方天王则双手各持银鼠及雨伞。

铜鼎

天王殿后御路上，迎面而立是一座铜鼎，高4.3米，呈鳝鱼青色，光泽照人，下衬汉白玉石座。上部有火焰门6个，门上铸有二龙戏珠，底座上雕刻着三狮戏球，青白相映，图纹精美。相传这只铜鼎与团城玉瓮、北海九龙壁并称"北京三绝"。

四大天王

许多名寺古刹中的天王殿皆奉祀着弥勒佛及四大天王。四大天王即俗称的"四大金刚"。南方为增长天王，手持宝剑一幅欲抽取出来的样子，脸为蓝色，宝剑生风，即含有"风"的意思。东方是持国天王，脸白色手拿琵琶调弦即喻意"调"的意思。北方多闻天王，脸黄色，左手抓鼠，右手拿伞则取其"雨"之意。西方为广目天王，脸红色，左手拿多宝，右手抓蛇，蛇弯曲而顺从，即是"顺"的意思。

四大天王由南、东、西至北即喻意风调雨顺。

◎皇教喇嘛祖师宗喀巴像

另有御华碑亭，是以汉、满、蒙、藏四种文字所刻成的《喇嘛说》。碑亭之北有一造型奇特的须弥山，为一件极富宗教色彩的佛教圣物。

雍和宫大殿

此为正殿，供奉的释迦牟尼、迦叶佛及弥勒佛分别是现在佛、过去佛、未来佛，其东西两边是十八罗汉，西北边供奉弥勒佛，东北方则祀地藏王菩萨。

在正殿的东侧是喇嘛僧学习密宗教理的密宗殿，西侧为讲佛学哲理的讲经殿所在。

永佑殿

过雍和宫正殿后即是永佑殿，供奉无量寿佛，其右为

◎清敕封五世达赖金印

药师佛，其左为狮犼佛。永佑殿的东边是喇嘛僧学习医药的药王殿，西边则是学习天文地理的数学殿。

法轮殿

此处有喇嘛教师祖宗喀巴的肖像及壁画，另有五百罗汉山的檀木雕刻品，东墙下存有《续藏经》207部，西墙则存有《大藏经》108部。

法轮殿前有东西两座配殿，西配殿中有威严的九体立像。东配殿俗称鬼神殿，殿内门旁有两只大熊，为乾隆十九年在鄂棱加木猎获的。正面牺牲坛上有五大金刚——欢喜佛，自北向南分别为：吉祥天母护法金刚，永保法金刚，大威德金刚，地藏王金刚和财宝金刚。这些塑像面目狰狞，兽面人身，即为喇嘛教中的密宗佛像。按教义说，这些怪像大都是各大菩萨的化身，是为镇压邪恶、铲除异端而化成愤怒的形体，他们挟持的怪物及裸体妇人，则皆为邪恶的象征。

◎万福阁的檀木大佛

万福阁

万福阁是雍和宫的第五进大殿，也是最后一正殿。中间主楼三层，左为延绥阁，右为永康阁，皆二层，有飞廊与主阁相连。三阁浑然一体，为建筑精品。万福阁内各层均供奉着小佛像，达万尊之多。"佛"与"福"音近，故名为万福阁。

◎寂寞宫墙

阁中最令人瞩目的是由整块檀香木刻成的弥勒像，珍贵的木料由七世达赖进贡。佛总高26米，地上18米，地下8米，直径8米，立于汉白玉须弥座上，手持哈达，体态巍峨。特别是佛像双眼在黑眸外绘上白色，衬托于深色檀木中，令人过目不忘。

雍和宫中的"三绝"首推是万佛阁的檀香木雕弥勒像，二是法轮殿中檀香木罗汉山，500罗汉用金、银、铜、铁、锡五种金属制作，形态不一，各具神采；三是金丝楠木雕的佛龛。神秘的宗教色彩加上奇特而具想像力的艺术，使雍和宫处处充满了难以抗拒的吸引力。

★游览指南：乘13、62、116、406等路车可达，地铁亦可直达。电话：64043769。票价：15元。

②烧线亭子

这是一项颇具雍和宫特色的活动。每年农历十二月初七，用线扎成亭子，再糊一老一少两个纸人，由喇嘛们念经咒，然后将亭子放在水中，用火烧之。传说两个纸人是岳飞和岳云，亭子即风波亭。

③腊八粥

熬腊八粥的风俗始自佛国。北京人每年腊月初八，各家都熬腊八粥。而雍和宫这天照例御赐糯米和奶油、干鲜果品等，熬粥五大锅。皇廷派员监制，象征释伽牟尼施舍于众生。能喝到雍和宫所熬腊八粥者，主要是帝妃、王公和大喇嘛们。雍和宫熬腊八粥之风俗，于1937年后停止。

◎万福阁

孔庙／国子监

孔庙位于安定门内成贤街路北，为我国规模仅次于山东曲阜孔庙的第二大先师庙，现为首都博物馆。成贤街的牌坊是北京富有代表性的街景。

孔庙原是元、明、清三代皇帝祭祀孔子的地方，1981年正式成立为首都博物馆，但建筑均保持原貌，天下学子当来此一看。

孔庙占地约22000平方米，中轴线上的建筑由南往北依次为先师门、大成门、大成殿、崇圣祠。大成门两侧的进士题名碑，共有198通，碑上刻有姓名、次第和籍贯。元明清三代进士5万余人的名字记录在此，其中不乏历史上的有名之士。如林则徐、于谦、袁宗焕等，有兴趣者可以找一找。碑上题名之人，新中国成立后还健在的，只有沈均儒，其名在西侧第一排东数第一碑。

大成殿是孔庙主建筑，九间五进，黄色琉璃瓦十分耀眼。殿内正中木龛内供奉"大成至圣文宣王"牌位。正位两侧设有配享牌位，有复圣颜回、述圣孔级、宗圣曾参、亚圣孟柯，称为"四配"，东西两边还有12位哲人的牌位。

孔庙内古柏很多，大成殿院内西侧有一株名"除奸柏"，传说它的树枝曾掀掉明代奸相严嵩的帽子，人们认为是柏树有灵，有意惩奸。院内还有"砚水湖"，为乾隆赐名，传说文人如能饮一杯孔庙井中甘甜清冽的"圣水"，就能文思如涌泉，妙笔生花，金榜题名。

国子监位于孔庙西侧，沿袭"左庙右学"的传统建筑制度，始建于元代，是元、明、清三代的最高学府，也是掌管国学政令的机关，现为首都图书馆。

◎孔庙大成殿

◎孔庙祭孔

祭孔

清代每年二次在大成殿举行祭孔仪式。每逢祭日，子夜过后，参祭人员集中于孔庙门前，丑时钟鼓齐鸣，仪式开始，在奏乐声中举行一系列的迎神、跳舞、跪拜、进俎、献牲、送神、焚祝版、焚祝帛等繁缛礼节，直至拂晓礼方告成。

国子监以"辟雍"为中心，左右建筑对称整齐。中轴线上由南而北依次为：集贤门、太学门、琉璃坊（为北京唯一的一座不属于寺庙的琉璃牌坊）、辟雍、彝伦堂、敬一亭。辟雍又叫壁雍，是皇帝讲学的地方。从清康熙立下的规矩，皇帝即位，照例要在此讲学一次。在国子监读书的学员称监生，其中由各省举荐而来的称贡生；达官显贵子弟称官生；民间考取的称民生。当时的文人学士能毕业于国子监、考取进士、刻名于孔庙，是最大荣耀。在国子监学习的还有外国留学生和少数民族学生。

国子监中最珍贵的是一批刻于乾隆年间的十三经刻石，包括《周易》、《尚书》、《诗经》、《周礼》、《仪礼》、《礼记》、《春秋左传》、《春秋公羊传》、《春秋谷梁传》、《论语》、《孝经》、《孟子》、《尔雅》共十三部，达63万余字，由江苏金坛贡生于雍正四年(1726)至乾隆二年(1737)历时12年完成。现立于国子监与孔庙之间的夹道上。

★游览指南：乘2、13、16、104等路车可达。自孔庙向西步行可到国子监。成贤街春节期间举办庙会。

◎孔子像

◎汉白玉棂灵门

天坛与地坛、日坛、月坛

明清两代帝王的祭祀场所除了最为著名的天坛之外，还有地坛、日坛、月坛。天坛居南，地坛居北，月坛居西，日坛居东。有时间的游客可一游。

地坛是祭祀皇地祇神的处所；日坛是祭祀太阳的处所；月坛是祭祀月亮的场所。

天坛

天坛在永定门内大街东侧，为京城"天地日月"诸坛之首，是一座典型坛庙，乃我国和世界上现存最大的古代祭祀性建筑群。始建于明永乐四年，至明永乐十八年（1420年）完工，是明清两代皇帝祭天祈谷的场所。每年"三孟"举行祭祀，即孟春（正月上辛日）祈谷，孟夏（夏至）祈雨，孟冬（冬至）祀天。

天坛是圜丘、祈谷两坛的总称，占地273公顷，面积占整个崇文区的近1/4。天坛建筑布局呈"回"字形，有垣墙两重，形成内外坛，坛墙南方北圆，象征天圆地方。主要建筑有斋宫、圜丘坛、皇穹宇、丹陛桥、祈年殿，集中在内坛中轴线的南北两端，圜丘坛在南，祈谷坛在北，两坛之间由一座长达360米、宽30米、高约4米的丹陛桥相连，使其和谐统一，浑然一体。另有长廊、万寿亭等建筑以及回音壁、三音石和七星石、九龙柏等名胜古迹。无论从架构，还是从力学、美学的角度来看，天坛都是出类拔萃、举世无双的建筑杰作，给人以神秘而崇高的震撼感。

1918年，天坛辟为公园开放。解放后经过修葺改造，原来的皇家坛庙已成为北京市区富有特色的旅游公园。如今，早上经常可见成群结队的老人在此或健身锻炼、或挥毫泼墨、或自弹自唱，其乐融融。

斋宫

斋宫在西坛门内，有二道围墙，外墙称砖城，内墙叫紫墙，正殿5间，外型为官式宫殿式样，垂脊、吻兽俱全。内部是拱券式构顶，无檩，故又称无梁殿，是北京城内著名建筑之一。殿的顶部没有采用皇帝所居宫殿惯用的黄色琉璃瓦，而改用

◎祈谷坛上祈年殿

蓝色琉璃瓦，代表人间皇帝不敢在上天面前妄自尊大的意思。殿前露台上左右各有一石亭，左边为时辰碑亭，右边为斋戒铜人亭。正殿之后，有大殿五间，是皇帝举行祭祀礼前进行斋戒、沐浴时的寝宫。明清时这里层层设防，戒备森严，不亚于紫禁城，又称为"小皇宫"。

◎圜丘

圜丘坛

这里是皇帝举行祭天活动处。圆形祭坛高一丈六尺，三层，每层四面均有九级台阶，取"上天九重"之意。圜丘护栏的望柱从上至下均雕饰云龙图案，每层的栏板数目均为九的倍数，即上层三十六块，中层七十二块，下层一百零八块；上层直径九丈，中层十五丈，下层二十一丈，三层之和为四十五丈，不但是九的倍数，还含有"九五之尊"的意思。圜丘设计所用石料数目，都与"九"有关，是因为古人把单数视为阳数，代表天。上坛圆心是一块圆形大理石，称天心石，亦称太极石，站在石上说话、唱歌，可感觉到强烈的共鸣。天心石周围以九圈扇形石板铺砌，依次为九、十八、二十七，直至九九八十一块。祭天时皇天上帝神位供奉于台上北侧南向。

圜丘围以墙墙两重，内圆外方，东西南北向各设汉白玉棂灵门一组三座，内外共24座，与石盘圜丘相得益彰，古朴典雅，称为"云门玉立"。

位于圜丘西南的望灯台，原为三座，高九丈，祭天当夜，悬望灯于杆顶，全坛可见。望灯为一竹笼外罩红纱，内燃巨型蟠龙宝蜡，燃点时不灭、不流油、不剪蜡花，可燃12个小时，十分珍贵。

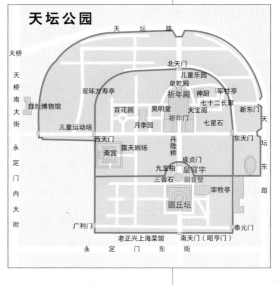

天坛公园

天坛路
天桥
天桥南大街
北天门
儿童乐园
双环万寿亭
皇乾殿
祈年殿　神厨　宰牲亭
自然博物馆
七十二长廊
百花园　吴明堂　大宝阁
新东门
儿童运动场
月季园
祈年门
七星石
东天门
西天门
斋宫
露天剧场
丹陛桥
成贞门
东坛路
九龙柏　皇穹宇
三音石　回音壁
宰牲亭
圜丘坛
广利门
泰元门
永定门内大街
老正兴上海菜馆
南天门（昭亨门）
永　定　门　东　街

皇穹宇

圆殿皇穹宇是一座单檐攒尖顶殿宇，好像一把金色蓝顶琉璃伞，与红色院墙相辉映，此殿专门贮放神牌，故俗称寝宫。殿内鎏金斗拱层层上叠，天花步步收缩，形成隆穹圆顶，藻井中心绘制着大金龙，四周配有金龙360条，象征周天360度，仰头望去，

◎皇穹宇

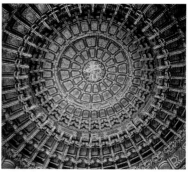

◎鎏金斗拱

令人叹为观止，实为建筑艺术之极品。

皇穹宇殿内的正位宝座上供奉着皇天上帝神位，上面刻写着汉满文金字。东西两侧是皇帝祖先的神位，祭天前一天，皇帝至此阅览祝版(祭文)，上香恭奉神位，正式祭天前，恭请各神位至祭天台。皇穹宇正殿前东西两侧各有配殿一座，是供奉日月星辰和风云雷雨诸神位的殿堂。

三音石

又称三才石，取天、地、人三才之意。皇穹宇殿门外是一条由大长方石铺成的甬路。从殿基须弥座开始，站在第一块石板上击掌一次可听到回音一声，在第二块石板上击掌一次可听到二次回音，站在第三块石块上击掌一次则可听到回音三次。当初设计时并没有从声学的角度考虑，但后人却逐渐发现了天坛中一些符合声学原理的奇特现象，十分有趣，回音壁亦是一例。

回音壁

著名的回音壁即是皇穹宇的圆形围墙，周长193.2米，高3.7米，厚0.9米，直径61.5米。由于声音的折射，两个人一东一西站在墙根，一人对墙低声说话，另一人就能清晰听到，反之亦然。

回音壁西墙外，有一株古柏，因树干扭结纠缠，恰似九龙升腾，故称九龙柏。据鉴定，该柏是北京市区最古老的一棵柏树，植于辽金之时，已有八九百年的历史，至今仍生机益然。

◎回音壁

丹陛桥

出皇穹宇北行，一条宽广甬路贯穿南北，名为丹陛桥，也称海墁大道。此"桥"北连祈谷坛，南接皇穹宇，南低北高，象征步步登高。祭祀时天帝神灵走中间的"神道"，皇帝走左侧的"御道"，王公大臣走右侧的"王道"。

丹陛桥东侧石台称具服台，面积150平方米，三面有白石护栏。典礼时支搭黄缎幔帐，皇帝至此洗手、更换祭服，并稍小坐待祀典开始，礼毕仍回此处更衣。

明清时，任何走兽不准通过丹陛桥，人们只得在桥下建一拱形门洞，取名走牲道。祭祀时，凡通过此门的牲畜，必死无疑，所以又叫鬼门关，平时无人敢走近此门。

◎丹陛桥

祈年殿

祈谷坛是明清两代皇帝孟春祈谷之地，其构造形式为上殿下坛，两侧有配殿，所有建筑由一方形围墙围成院落，坛中即驰名中外的祈年殿，是整个天坛的中心建筑。

祈年殿为三重檐攒尖顶圆型大殿，宝蓝色琉璃瓦衬托于三层汉白玉的台基上，华丽无比。殿高九丈，取"九九"阳极数之意，殿顶周长三十丈，表示一个月有30天。大殿中部四根通天龙井柱高19米，朱红沥粉描金，柱身饰满海水宝相花图案，将大殿分为东西南北四个空间，分别代表春夏秋冬四季。中层金柱12根，象征一年12个月，外层有檐柱12根，象征一日12个时辰。中、外层柱数相加为24根，代表一年24节令。三层相加

◎四根龙井柱代表四季

◎祈年殿雪景

◎祈年殿后古柏

则有28根，象征天上28星宿。再加上顶部的8根童子柱（短柱），则象征36天罡。在大殿宝顶有一短柱，是象征皇帝一统天下的雷公柱。

祈年殿藻井中心为木雕贴金龙凤，游人由下仰视，好似一龙一凤盘旋起舞。殿内地面中心，与藻井相对的是一块圆形的天然大理石，直径80厘米，纹理黑白分明，天然生成一游龙一翔凤在盘旋，亦称龙凤呈祥石。原来石上的图案十分清晰逼真，但1889年大殿失火后即有些模糊不清。龙凤石恰好与龙凤浮雕藻井上下正对，相映成趣。祭天时，皇帝即在此跪拜行礼。

祈年殿内外的装饰图案，全部是龙、凤和玺彩画，是古建筑彩画中最高贵的一种，极尽皇家的富丽威严。祈年殿三层坛台的白石护栏均刻有不同的花纹：上层为龙，中层为凤，下层为云。所附出水嘴分别为龙头、凤头和云头，以示大吉大利。而祈年殿前后丹陛均镶石雕3块，每块长4.2米、宽2.2米，自上而下分别为"双龙山海"、"双凤山海"、"瑞云山海"，均为石雕艺术的珍品。

皇乾殿

坐落在祈谷坛北端的皇乾殿，是供奉"皇天上帝"和皇帝列祖列宗神位的地方。蓝地金书、四周透雕流云纹腾龙的匾额，系明代嘉靖皇帝御笔。按典制规定，祭祀前一天，皇帝到此上香礼拜，并巡视祭祀的准备情况后，才返回斋宫斋戒。

长廊

◎青铜鼎炉

长廊连檐通脊，长350米，共72间，不仅是连结神库、神厨等处的纽带，而且是通往祈年殿的一条主道，祭祀时的供品均从此廊送出，又称七十二连房。由于"七十二"恰好与地煞数目吻合，而此处又灯光昏暗，阴森可怖，于是就被传为是七十二地煞鬼聚集之处。现在的长廊已是美丽豁亮，拆除了窗坎，为游人休息、纳凉提供了一个好去处。

◎乾隆大钟

七星石

位于祈谷坛东南，原为7块，系明代所置风水镇石，象征北斗七星。当初明代建都于北京，即开始寻觅祭天场所，传说一日夜里，天门大开，北斗七星落于此处，

◎七星石

遂选定此处建天坛祀天。其实这些只是普通的石头，不过人工在上面凿刻了一些花纹。清乾隆时期又于东北方向加放一石，以示不忘皇室祖先发迹之地。因为这几块石头沾了几许仙气和王气，后来有很多人凿下一小块，拿回家当"镇物"。

燔炉·瘗坎·铁燎炉

燔柴炉位于祈年门东侧，为绿琉璃砖砌筑。祭天大典开始时点燃松柏枝燔烧牛犊，以迎帝神，典礼结束时焚烧正位供品及祝版、祝帛，皇帝亦到此行"望燎仪"。

炉旁有瘗坎一座(即毛血池)，祭典告成，把所供全牛的尾、毛、血等埋在坎内，象征不忘祖先茹毛饮血之意。

在燔炉东侧有一行8个铁燎炉，专为祭天时焚烧松柏枝、松花、松塔等用。燃烧时噼啪作响并伴有清新香味。

双环万寿亭

位于祈年殿西侧柏林中，是1741年乾隆皇帝为庆祝母亲50大寿，修建于中南海。1977年从原址迁到这里供人观赏。

方胜亭位于双环亭西侧，二亭有游廊连接。亭上的梁坊绘有以人物、花卉和西湖风光为内容的彩画。

★游览指南：乘6、15、17、35、36联64、39、106等路车可达。电话：67022617。票价：门票4元，祈年殿10元。

◎铁燎炉

◎双环万寿亭

◎地平经仪

测天仪器

　　天体测量是天文学中最古老、最基本的一个分支，任务是确定天体的位置和天体到达某个位置的时间。很多文献记载表明，中国远在五六千年以前的葛天氏、黄帝、尧、舜时代，就在长期观察日月星辰方位与四季变化的基础上，创制了世界上最早的测天仪器——浑仪。元代郭守敬于1276年在历代测天仪器的基础上制成简化的浑仪——简仪，领先世界300多年，直到1598年丹麦天文学家第谷所发明的仪器才能相比。

◎小天球仪

古观象台

　　位于建国门立交桥西南角上的古观象台是世界闻名的天文古迹之一。它是明、清两代的天文观测中心，建在元大都城东南角楼的旧址上，迄今已有500多年的历史。

　　古观象台是一座古朴的城堞式青砖建筑，解放后曾进行多次维修，但外观仍保持旧状。墙内为二层展览大厅。台下西部有一四合院，中为紫微殿，明代所制的浑仪和简仪分别置于紫微殿左右两侧，殿额曰："观象授时"。

　　古观象台上陈列着清代制造的表铜古仪八件：天体仪、赤道经纬仪、黄道经纬仪、地平仪、象限仪、纪限仪、地平经纬仪、玑衡抚辰仪，造型高大美观，雕饰精致细腻，是我国天文科学与铸造艺术的结晶。八国联军侵华时，法、德军队曾劫掠走了这些宝贵的天文仪器，后迫于舆论压力才陆续归还。

　　登台远眺，雄伟的立交桥、现代

◎纪限仪

的高楼大厦、不息的车流尽收眼底，再看看身边静立的古代仪器，不禁有跨越时空的感觉。

　　★游览指南：乘1、4、9、44、52等路车和地铁可达。

　　电话：65128923；65242246。票价：10元。

◎赤道经纬仪

近郊西线

此线景区分布广阔，以颐和园、香山最为著名。

颐和园

颐和园位于北京市西北部，占地290.8公顷，其中水面约220公顷，主体由万寿山与昆明湖构成。颐和园内有殿堂楼阁、亭台水榭3000余间，规模十分宏伟，素以人工建筑与自然山水巧妙结合的造园手法著称于世，堪称我国古典园林之首，享有"何处燕山最畅情，无双风月属昆明"的赞语。

◎东宫门

颐和园原名清漪园，是清代乾隆皇帝于公元1750年为祝母寿建造。1860年，清漪园遭英法联军火焚，大部分建筑损失殆尽。慈禧为了恣情享受，竟不惜挪用建设国家新海军的巨额军费，来重建华丽奢靡的庭园，使国力陷于疲惫，实为浅短自利之举。重建历时10年，竣工后更名颐和园。慈禧晚年大部分时间在园中度过，那里至今还可追寻到当年重大事件的痕迹。

颐和园占地庞大，园中山石巍峨，碧池清流，亭台楼榭散布于花树之中，毫无杂乱之感，布局得体而又富于变化、错落有致。基本布局可分为勤政区、居住区、游览区三大部分。

牌楼是园林入口处的标志。颐和园东宫门外的大牌楼，描龙画凤、雕镂精工。楼额正面"涵虚"二字隐喻湖水；背面"罨秀"二字暗指山色。东宫门是颐和园的正门，宫门朱漆彩绘，格局规整。门扇上横竖各排列九行镀金铜钉，以示皇权的最高等级。东宫门檐下正中，悬挂着由光绪皇帝御笔书写的"颐和园"金字大匾。

仁寿殿

仁寿殿原名勤政殿，是皇帝在颐和园坐朝听政、召见臣属的正殿。两侧配殿，是群臣侯朝的地方。殿前庭院绿树浓荫配以假山曲径，并有古铜宝鼎和龙凤麒麟。

慈禧执政期间，自光绪十四年之后，政治中心由紫禁城逐渐移至颐和园，仁寿殿似乎成了"金銮殿"。大殿中，依例陈设一如当年原样，殿正中用紫檀木雕刻的地平床上陈放着象征封建皇权的九龙宝座。后面的屏风亦为紫檀木所制，顶部雕刻金色闹龙九条，中间玻璃框上刻画226个不同写法的"寿"字。

绕过大殿，即见两个小土丘遮住视线，令人产生"山穷水尽疑无路"的感觉，可一出山道，万寿山、昆明湖又豁然展现眼前，出乎意料。驻足知春亭上，只见右边是亭台楼阁掩映的万寿山，左边是龙王岛和十七孔桥相连；眼前湖水波光粼粼，遥望远方可见玉泉山的宝塔和一抹西山。游至此处，莫不为园林之奇妙所感叹。沿湖岸北行，即可到达帝后们的生活区。

◎颐和园雪景

颐和园景点示意图

◎玉澜堂

玉澜堂

这是一座三合院式的建筑，正殿玉澜堂坐北朝南，东配殿霞芬室，西配殿藕香榭。玉澜堂是光绪皇帝在颐和园的寝宫。1898年"戊戌变法"失败后，这里就变成了囚禁光绪的牢房，当时为防止光绪与外界接触，曾砌了多道墙壁，现虽已大部份拆除，但仍能见到痕迹。堂内的陈设大都是乾隆时制品，宝座、御案、香几等均为紫檀木和沉香木拼接镶嵌而成，制作精工，华贵高雅，是御用中的珍品。御案后的紫檀木屏风颇有特色，画面立体感很强。玉澜堂内西间是光绪皇帝的寝室，锦被绣幔富丽堂皇，高悬的御匾亦说明了主人的地位，但改变不了主人的命运。光绪帝在这里陆陆续续被囚禁了10年，直到38岁时郁悒而终。

宜芸馆在玉澜堂后院，是光绪皇后隆裕的住所。乾隆时期，此处曾为皇帝藏书之地，现院内南墙上镶嵌着乾隆皇帝临名家的碑帖手迹。

乐寿堂

在昆明湖的东北岸，原为乾隆皇帝奉母休息处，光绪时改为慈禧太后的寝宫。慈禧的晚年生活，几乎全部在这里度过。乐寿堂内陈设华丽如同当年。中间是慈禧太后的起居处，东边更衣室，西为寝宫。正中一列玻璃镜屏风，将堂室照得明亮辉煌。

◎乐寿堂前的青芝岫石

"水木自亲"是临湖的五间穿堂殿，乐寿堂院落的正门。昔日，慈禧从水路出入颐和园，要在这里的码头上下龙船。

永寿斋在乐寿堂的东跨院，是慈禧的心腹太监李莲英的住所。斋中布置考究，在王公大臣之上，可见当年主人不寻常的地位。现在院内各殿举办太监制度展览，有天津泥人张制作室制作的太监故事五组和其他图片实物。

◎慈禧画像

德和园

德和园在仁寿殿迤北，是一组专为慈禧看戏修造的大型建筑群，由大戏楼和与之相连的两层扮戏楼、颐乐殿、看戏廊等组成。

园中的三层大戏楼高21米，称福禄寿三台，是中国现存最大的一座古戏台。戏台上有天井、下设地井、水井，可饰演神仙鬼怪从天而降、自地钻出，亦可喷出壮观的水景。

扮戏楼与大戏楼相毗连，是演员化妆和存放戏装道具的后台。

正对大戏楼者是颐乐殿，专为慈禧看戏建造。慈禧酷爱京戏，驻园的大部分时间都在殿中听戏。慈禧看戏的宝座称金漆珐琅百鸟朝凤宝座，被赏看戏的王公大臣则按爵位高低分列东西两侧看戏廊中。

颐东殿后面的庆善堂，原是慈禧看戏时临时休息的地方。清末，美国女画家卡尔曾在此处为慈禧画像。当时慈禧已是六七十岁了，但卡尔将她画得年轻美貌，令慈禧极为满意。

从生活居住区往西即是风景游览区，包括万寿山前山、昆明湖、后山后湖等。

长廊

颐和园最具特色的便是长达728米的长廊。邀月门是长廊东面的起点，每年三四月间，此处的一株百年玉兰绽开满树洁白的花朵迎接宾客。

长廊从邀月门西行经排云门，直达万寿山西方的石丈亭，共计254间。蜿蜒曲折的长廊，像一条飘忽的彩带，既衔接了山

◎长廊

水，又有机地把各处名胜串联起来，由东至西贯通了颐和园的游览路线。廊中点缀着留佳、寄澜、秋水、清遥四个亭子，象征春夏秋冬四季。长廊东西两部，各有一座临水敞轩，即对鸥舫和鱼藻轩。由长廊远眺，群山如黛，绵亘起伏，玲珑宝塔映衬着漾波小艇，万种风情入眼来，宛如置身人间仙境。

◎邀月门前百年玉兰

长廊还有"画廊"之称，每根枋梁上都绘有苏式彩画，以西湖风景、民间传说、古典文学、戏曲戏剧等为题材，加上廊中的花卉、虫鸟等写意画，共计 14,000 余幅，蔚为大观。

皇家园林像皇宫一样皆有中轴线，颐和园的中轴线不止一条，每一个小范围的景区内几乎都有自己的中轴线。长廊之半，到排云门，这是万寿山南坡建筑中轴线的起点，由此依次升高排列着码头、牌楼、排云门、排云殿、罩房、德辉殿、佛香阁、众香界、智慧海等。万寿山前主体建筑群布局严谨，气势连贯，高大的佛香阁迴廊金碧，直耸云天，是总揽颐和园的中心。

排云殿

进排云门，过金水桥、二宫门，即到雄伟的排云殿。"排云"二字取自晋郭璞《游仙诗》中"神仙排云出，但见金银台"之意境。这里原为大报恩延寿寺中的大雄宝殿，后改建为排云殿，慈禧太后祝寿时在此接受百官的朝贺。正中的宝座是慈禧在庆典时接受百官贺拜的座位，殿中陈设琳琅满目，均为慈禧 70 岁生日时大臣们进贡的寿礼。

燕京八景

①居庸叠翠/长城居庸关。

②蓟门烟树/古蓟城之遗迹，当今北京德胜门西北处。

③卢沟晓月/北京卢沟桥。

④玉泉垂虹/颐和园西侧的玉泉山，其泉水源自山中，清冽凉沁，有天下第一泉之称。

⑤西山晴雪/位于香山公园。

⑥琼岛春荫/北海公园琼华岛。

⑦太液秋风/北京的中海、南海和北海总称太液池。

⑧金台夕照/建国门外日坛公园一带。

◎排云殿

佛香阁

顺爬山廊左右包抄到德辉殿。该殿为穿堂殿，登殿后114级台阶可达佛香阁。佛香阁高达41米，是颐和园的标志建筑。它为八面三层四重檐木结构，阁顶金碧，气势恢弘。上层榜曰"式延风教"，中层榜曰"气象昭回"，下层榜曰"云外天香"。

佛香阁一层内供奉着一尊5米高的"南无大悲观世音菩萨"铜胎鎏金站像。菩萨千手千眼，形态丰满。二层正中张挂着一幅万寿山昆明湖石碑拓片。乾隆皇帝御题的碑文气韵流畅地记叙了昆明湖的开挖经过，是研究北京水利的重要文献。

佛香阁后游廊上方，是一座五色的琉璃牌坊"众香界"。众香界后面的智慧海，是万寿山的顶端建筑，因整座建筑用砖石砌成，亦称"无梁殿"，其表面嵌有千尊无量寿佛。智慧海是万寿山的至高点，位于前后山坡的中心，亦为后山中轴线的终点。"众香界"牌坊的正反面石额和智慧海前后石额上刻着"众香界，祇树林，智慧海，吉祥云"的偈语，将此地比作佛门福地。

◎智慧海

◎佛香阁

◎春至万寿山

据说当年慈禧太后从未登上过佛香阁第二层和第三层，如今游客可直达最高层，全园景色尽收眼底。举目远眺龙王岛、十七孔桥，烟虚缥纱，心旷神怡。

转轮藏

位于佛香阁东侧，由一座正殿和以飞廊连接的两座配亭组成，是乾隆时仿宋代杭州法云寺藏经阁修建的。清代，帝后在这里藏经、祈祷、念佛。

立于转轮藏前的"万寿山昆明湖"石碑是颐和园中最大的一块御碑，高近10米，具有典型的民族风格。

转轮藏配亭中有木塔贯穿其中，木塔八面可以藏经，塔中配轴，推之可以转动，似

◎ "万寿山昆明湖"石碑

一个转经筒。过去，帝后祈祷，只要用手扶一下转动的木塔，就算把塔内的经书念了一遍。

五方阁和宝云阁

位于佛香阁西侧，与东侧的转轮藏相互辉映，组成对景。中央白石高台上的宝云阁，是一座精致的铜殿，高7.55米，重207吨，采用传统的"拔蜡法"铸造，结构与木建筑相同，是世界上少有的青铜建筑精品。清代这里是诵经念佛的场所。

万寿山建筑大部集中在山之南坡，除了中轴线的典型建筑，左右两侧的各色景物也是不可缺少的陪衬，两者相辅相成，荟萃了我国园林艺术之大成。东侧主要景点有养云轩、益寿堂、景福阁等；西侧主要景点有听鹂馆、石舫、画中游等。

三山五园

清代康乾年间，国力强胜，大批财力用于北京西郊建设。首先在明代清华园的旧址上建了畅春园。后来在畅春园北建了圆明园、长春园、绮春园（后改万春园）；在瓮山明代静寺、好山园的基础上建起清漪园（颐和园的前身）；在玉泉山原芙蓉殿的旧址上，建起了静明园；在香山原大永安寺的基础上扩建成静宜园。这就是著名的"三山五园"。

帝国主义的入侵，使北京城惨遭洗劫，西郊的园林亦不能幸免。我们目前所见基本上是后来修缮和恢复的部分景观，未及当初之规模。

景福阁

在万寿山东部山脊上，乾隆时是一座平面为六瓣莲花形状的佛殿，光绪时改建为现在的式样，是慈禧赏雨、赏月的地方。每年七月初七，慈禧在此遥祭牛郎织女；中秋节在此赏月；重阳在此登高。1948 年，曾在这里举行和平解放北平的谈判。

画中游

为万寿山西部依山势而建的亭台楼阁式的观景建筑。各殿之间由爬山廊相连，中间是一座八角形的两层楼阁，两侧为对称的八角形亭，东西"爱山"与"借秋"两楼对立。画中游踞山面湖，金碧彩错，里面奇石拥翠、山洞幽邃，四周风光如画，身游其中，如入仙境。

画中游后，有一座五间的敞轩，名为湖山真意。轩中上和下面的底座相配合，在两根楹柱之间形成取景框，湖光山色，尽收框中。极目远眺，每框一景，框框精彩。

石舫

正名应为清宴舫，是园中著名的水上建筑。舫长 36 米，全部用大理石雕刻而成，船尾高翘，上建西式阁楼，风格独具。当年乾隆引用唐代魏征"水能载舟，亦能覆舟"的典故造舫，以象征清王朝政权稳如磐石，江山永固，永不沉覆。两层船舫各有大镜，细雨蒙蒙之时，慈禧坐在镜前，一面品茗，一面欣赏镜中雨景。每当大雨，楼顶雨水从四角的空心柱流下，由船体突出的排水龙头吐出，十分壮观。

万寿山后山的建筑虽然从数量和规模上比不上前山，但却有着与前山截然不同的特殊风格。

◎恍若画中游

◎依稀似江南

◎石舫

四大部洲

后山中轴线自智慧海而下，中部的四大部洲是仿西藏桑鸢寺修筑的一组宏大的宗教建筑群，四大部洲为：南瞻部洲、东圣神洲、西牛贺洲、北拘卢洲，象征佛国天境。苍翠的古木衬托着耸天的梵宇，塔刹层叠，鎏金溢彩。

四大部洲的中心建筑香岩宗印之阁原为三层佛殿，光绪时改建为现在形式。殿内供奉三世佛和十八罗汉像。

后山东部的多宝琉璃塔，八面七级，白色须弥石座上是全部用带佛像的彩色琉璃砖镶砌而成的塔身，上面是镀金的塔刹，在阳光照射下，多彩绚丽。

◎苏州街

苏州街

万寿山后湖、浓绿欲滴，碧水悠悠，众多的铺面、招幌与粼粼水波相辉相映，展现出一派江南风韵，这就是颐和园新复建的乾隆时期的景致"苏州街"。

清漪园时期岸上有各式店铺，如玉器古玩店、绸缎店、点心铺、茶楼、金银首饰楼等，店员皆为太监、宫女所妆扮，逢皇帝游幸时就"营业"。1991年复建竣工后，沿河两岸修复店铺62家。其中通裕号钱庄，专管"兑换"业务，因为苏州街的店铺，通用货币是铜元和"金银锞子"。市面店铺有泰来号皮货庄、新正号花木房、沉香斋胭脂铺、揽涛楼茶馆、三义原老针铺、独一居老酒店、登云斋鞋铺、成锦号染房、通源号奶茶铺、广兴号灯草铺等。特别的是服务人员均穿着清代装束，古色古香，一如江南水镇。

谐趣园八趣

谐趣园原名惠山园，更名之缘由，取意于乾隆《惠山园八景诗序》："一亭一径、一步一景，景随步移，步步皆奇趣"及"物外之静趣，谐寸田之中和"的意境。八趣分别为：

时趣：春夏秋冬四时有景，各具特色。

水趣：利用后湖之水的落差，建造了巧夺天工的玉琴峡，水穿石而过，叮咚如鸣琴，是为水趣式声趣。

桥趣：园中桥有七八座，风格各异。有的一端连路一端临边廊；有的一侧临水一侧靠廊；有的一侧有桥栏望柱，而一侧荡然。

◎须弥灵境旧址

77

谐趣园

位于万寿山后山东麓，乾隆时仿无锡寄畅园修建，是著名的园中园。荷花池畔建有亭、楼、廊、桥、轩、榭等多处景观，柔媚清秀，富有江南园林的气韵。园中八组建筑称为"八景"，分别是载时堂、墨妙轩、就云楼、澹碧斋、水乐亭、知鱼桥、寻诗径、涵光洞。

园中知鱼桥桥身低平，便于观鱼。桥名取自古代哲学家庄子和惠子在濠

◎观鱼

上那段知道不知道鱼快乐的有趣辩论。

园外有一座城关，名曰"紫气东来"，源自古代老子游经函谷关的一个故事，表示吉祥降临。

书趣：园中书法墨宝随处可见，如《寻诗径》碑及墨妙轩之石刻。

楼趣：园内西部有瞩新楼。从园外看此楼一层，从园内看则是二层，高低不同，效果迥异。

画趣：园中游廊上的苏式彩画可与长廊媲美。

廊趣：楼堂亭榭以曲廊相连，三步一回，五步一折，与长廊相比。另有情趣。

仿趣：谐趣园是颐和园中的园中之园，应是典型的皇家园林，但该园的造园手法别具一格，仿造的是寄畅园私家园林，在金碧辉煌、端庄肃穆中，独显其静雅清幽。

一碧万顷的昆明湖占据了颐和园3/4的面积，湖中修造的大小岛屿和众多建筑将这座园林点缀得如同仙境。

西堤是纵贯昆明湖的一道南北长堤，把昆明湖水分成东西两半。西堤仿杭州苏堤而建，杭州有"西湖景致六条桥，一株杨柳一株桃"的景观，故昆明湖的西堤亦建有六条桥，遍植桃花杨柳。风格各异的六条桥与园外的西山、玉泉山巧妙嵌接在一起，似一幅天然图画。

◎谐趣园

◎黄昏桥景

六桥

界湖桥——位于西堤最北端的前湖与后湖转折处，为昆明湖的进水口，以分界湖水得名。

豳风桥——原名桑苎桥，因避咸丰皇帝名讳

慈禧与西堤

西堤一带风景绝佳，且极幽静。清漪园时堤上不仅植桃柳，还广植果树。乾隆游堤时曾有赠赐大臣水果的记载。慈禧也爱游西堤，她有时化装游湖，曾扮过渔婆，李莲英扮过渔公，在豳风桥前合过影，还有慈禧倒骑驴过玉带桥之传说。

而改今名。清代，桥畔建有耕织图、机织房、水村居等仿江南村舍的景观，即喻"织女"所在地，与湖东南岸的"牛郎"(铜牛)隔"天河"(昆明湖)相望。

玉带桥——圆形高拱石桥，与水中倒影相连，宛若玉带，是西堤六桥中最负盛名的一座桥。桥拱高耸，是帝后龙舟的通道。

镜桥——取意于唐代诗人"两水夹明镜，双桥落彩虹"之句。在和煦春日，风剪杨柳，镜桥画亭隐现于蒙蒙烟柳之中，浓淡深浅，风韵无穷。

◎十七孔桥望柱饰有石狮

练桥——得名于南朝诗人谢朓"澄江静如练"的诗名。

柳桥——为西堤最南端的桥。桥名取意于"柳桥清有絮"的诗句。一到夏日，近处堤柳成荫，荷花满湖；远处群峰似屏、宝塔如画，恰似江南秀色。

◎玉带桥

北京主要游乐园

石景山游乐园

　　是一座既具有中国式园林，又有欧洲风格建筑的大型游乐园。内有灰姑娘城堡、人造海浪浪泳池、水上世界、赛车场等游乐场所。

地址：石景山区八角村

电话：68874060、68874825

票价：门票2元，套票30元、40元

北京游乐园

　　是一座吸收了迪斯尼乐园的风貌、欧洲郊野公园的风韵，以中国园林景观的格调建成的大型国际游乐园。

地址：崇文区左安门内大街1号（龙潭湖中游区）

电话：67111155

票价：成人45元，学生30元

九龙游乐园

　　水下龙宫、水族馆、特特乐科幻探险馆、帐篷村、垂钓中心、餐饮娱乐、野炊、豪华游船、摩托快艇。

地址：昌平县十三陵水库附近

电话：69763164

票价：1元，套票45元

原始部落游乐园

　　位于怀柔县三渡河村，占地千余亩，依山傍水，果林成荫。游乐园效仿原始社会部落形态，建造了各种简陋的生活设施，如：石片房、

南湖岛

　　这是昆明湖中最大的岛屿，按照中国古代皇家园林"一池三山"传统模式修造，象征神话中的蓬莱幻境。岛上松柏蓊郁，叠石林立，楼阁隐约，确似仙宫。

　　南湖岛上最著名的建筑为龙王庙，名"广润灵雨祠"，祠中供奉着龙王像。清代，皇帝每年都要来此进香，祈求风调雨顺。

　　高居南湖岛北岸假山上的涵虚堂，与万寿山上的佛香阁遥相辉映，互为对景。光绪时，慈禧沿乾隆旧制，在此观看海军演习水操。

◎十七孔桥

十七孔桥

　　南湖岛与东岸之间横卧一座十七孔汉白玉长桥。该桥望柱雕有小狮544只，仿卢沟桥而建，长150米，宽8米，如一道彩虹飞跨两岸，漫步走过十七孔桥，即来到东堤。

廊如亭

　　该亭坐落在十七孔桥东端，又名八方亭，占地130平方米，由24根圆柱和16根方柱支撑着重檐攒尖顶，为全国最大之八角亭。乾隆年间，皇帝经常在此举行诗文酒会。

铜牛

　　廊如亭北，有一著名铜牛，牛身下是一个由青石雕成的海浪纹须弥座，牛身伏卧其上目光详和。牛身上用篆文

◎镇水铜牛

铸成的《金牛铭》为乾隆所书。1755年，乾隆在扩建昆明湖之后，沿用大禹治水的故事铸造了这只铜牛，放于东堤用来镇服水患。

文昌阁

沿堤北行有一处城关式建筑，原建于乾隆时期，阁上供奉文昌帝君，象征文运昌盛。此阁居高临下，是品茗摄影的好去处。

耶律楚材祠

此为园中最古老的一处遗迹。耶律楚材为元代开国元勋，死后按其遗愿埋葬此地。乾隆造园时，重新为他建祠，塑造金身，并题写御碑。

知春亭

昆明湖东岸小岛以古人"春江水暖鸭先知"诗意修建的垂檐四方亭，名为"知春亭"。亭畔叠山缀石，植桃种柳，荷花满池。冬去春来之际，冰融泛绿、桃花泛红，春讯先知。

★游线参考：（一日游）东宫门——仁寿殿——德和园——谐趣园——多宝塔——四大部洲——佛香阁——铜亭——画中游——西堤六桥——廊如亭——十七孔桥——南湖岛——（乘船）石舫——长廊——排云殿——乐寿堂——玉澜堂——耶律楚材祠——出东门

★游览指南：乘301、303、332、346、362、374、333、394、904、384等路车可达。电话：62881144。票价：通票25元。

小木屋、烧烤场、鱼池等，朴素无华，古风浓郁。另外还有祭祖表演、搭弓射箭、划船、篝火晚会等娱乐项目。
电话：69640954
票价：16元

白河游乐园

综合性游乐园。园内自然风光优美，碧云湖贯穿南北，林木覆盖率达65.3%，水域面积40公顷，全国分为碧云湖娱乐、月湖风光、跑马射箭、郊野度假等几个部分。
乘车：东直门外乘长途汽车至密云，再转乘黑龙潭方向的车。
电话：69911245
票价：4元

金鼎湖游乐园

位于密云县巨各庄镇，水面达151万平方米，可乘快艇、划小舟、垂钓、游泳、跳水，景观独特、气候凉爽。
乘车：东直门外乘长途汽车至密云，再转车。
票价：10元

◎知春亭

香山公园碧云寺景点示意图

香山之名的由来

①香山海拔557米，最高峰顶有一块巨大的乳峰石，形状像香炉，晨昏之际，云雾缭绕，远远望去，犹如炉中香烟袅袅上升，故名香炉山，简称香山。

②仿照江西庐山而来。李白名句"日照香炉生紫烟，遥望瀑布挂前川，飞流直下三千尺，疑是银河落九天"。庐山有香炉峰，香山仿香炉峰之名，故名香山。

③古时香山曾是杏花山，每年春季杏花开放，清香四溢。明代王衡记载："杏树可十万株，此香山之第一胜处也。"明诗有"寺入香山古道斜，琳宫一半白云遮，回廊小院流春水，万壑千崖种杏花"之句。《帝京景物略》中有记载："或曰香山杏花香，香山也……"。

香山公园

位于北京西郊，西山东麓，由颐和园往西即是，总面积2400余亩，为历史悠久的山林古园。公元1186年，金人在此建香山寺，并作为皇家猎园。清乾隆时大规模扩建，更名"静宜园"，为盛清时期京西著名的"三山五园"之一，园内山路盘旋，名胜遍布。全园有树木20多万株，其中半数为黄栌树，每年仲夏绿荫如盖，深秋层林尽染，美不胜收，成为闻名于世的盛景。

由东门入游香山，依名胜分布大体可分为南路、中路、北路三路：

南路经静翠湖右转即到著名的香山饭店，这座由建筑大师贝聿铭主持设计的高级饭店综合了我国南北建筑风格，达到传统与现代的完美结合，给人以舒适宁静之感。香山寺遗址东南半山坡上，有一处别致清静的庭院，即双清别墅，毛泽东在1949年3月至11月间曾居住于此处。南路途中有一巨大的悬崖峭壁，因乾隆皇帝看它似

◎香山饭店

朝臣手中的笏版，故赐名"森玉笏"，亦是一处值得驻足的景观。

此外南路的阆风亭、半山亭、看云起都是金秋观红叶的绝好角度。

由南路转至中路，先可游燕京八景之一的"西山晴雪"，此处为冬晴时观赏雪景的绝佳地点。从"西山晴雪"往下走，过玉华四院、三院，即到山区中心地带的玉华山庄，此处可供休息，也是观赏红叶的好地方。

自玉华山庄往北经芙蓉馆即到昭庙，这座大型藏式喇嘛庙是乾隆为接待西藏班禅来京而建，该庙的醒目建筑为琉璃塔，塔顶有黄色琉璃宝瓶和八条垂檐脊，造型俏丽。昭庙往北可见半圆形回廊环抱的见心斋，这是一处保存较好的古迹，院内池轩相映，回廊临水，为极富江南情趣的园中之园。见心斋下，有两个小湖像两个眼镜片，湖间小石桥则似镜架，故名眼镜湖。

◎清音亭

在眼镜湖附近有登山缆车可搭至最高峰——香炉峰，沿线俯视公园景色，风光无限。香炉峰俗称鬼见愁，山势高耸，至高点海拔557米，亦叫重阳亭。每年重阳，京城老幼争相攀登，在峰顶云雾飘渺中可鸟瞰颐和园和西北方的永定河。

★游线参考：东门——静翠湖——双清——香山寺遗址——森玉笏——朝阳洞——西山晴雪——玉华山庄——芙蓉馆——昭庙——见心斋——眼镜湖——（缆车至）香炉峰——北门。

★游览指南：乘318、333、360等路车可达。

◎香山曹雪芹故居

◎香山红叶

◎碧云古刹掩于山中

碧云寺

碧云寺与香山关系极为密切，出香山公园北门即到，游香山者一般同游碧云寺。

这座著名的宏丽古刹始建于元代，明清两代均有扩建。寺院殿堂依山叠起，院内松柏参天，门前山泉潺潺，明人诗云"西山台殿数百十，侈丽无过碧云寺"。

中山纪念堂

原是寺院后殿的普明妙觉殿，1925年孙中山先生逝世后此处为停灵之享殿。后孙中山遗 体移葬中山陵后，此处改为孙中山纪念堂，现陈列着苏联所赠玻璃棺和中山先生塑像及一些革命活动照片。纪念堂后有牌坊三座：一木、一石、一砖。

金刚宝座塔

耸立在寺院最后一进，建于乾隆十三年（1749年），是全国同类塔中最高最大的一座。在金刚宝座上有5座宝塔，中心之塔最大，四角之塔较小。尤为罕见的是中塔基座上又建5座小塔。此塔是孙中山先生停灵处，后封葬孙中山先生的衣冠。

五百罗汉堂

南跨院为五百罗汉堂，建于乾隆十三年，仿杭州净慈寺罗汉堂而建。顶部正中耸立着象征"西方净土"的宝塔，正门内塑着四大天王，堂中供奉的木雕罗汉508尊排成"田"字型。北面房梁上有济公活佛，据说他因吃狗肉、喝酒而迟到，被罚蹲在梁头。更有奇者，传说康熙、乾隆也在罗汉之列，康熙在第295位，称"暗夜多罗汉"；乾隆第360位，称"直福德罗汉"。

◎五百罗汉

水泉院

水泉院为寺内风景最为幽深之处，岩壁下一泉为"卓锡"泉，明代即闻名于京城。石壁下临水池有一洞，洞内左右各套一洞，称三仙洞。院内有棵三代树，二代古柏均死，树中心生出第三代银杏。银杏四围死柏遗迹历历可辨，实为奇景。

卧佛寺

卧佛寺坐落在海淀区寿安山南坡，与香山、碧云寺、植物园形成一个游览区。从植物园北行即到，路旁两侧新建牡丹园和桃树林。每逢花开季节姹紫嫣红，绚美之极。该寺建于公元 7 世纪，唐贞观年间叫兜率寺，元代重建名"寿安寺"。因在1321年用铜50万斤铸造了一尊卧佛，故俗称卧佛寺。明代叫永安寺，清代又改名十方普觉寺。该寺名称很多，但名传遐迩的还是卧佛寺。

◎神态安详的卧佛

寺庙坐北朝南，内有五重大殿和西三院、东六院，其殿宇楼阁、亭廊池沼、苍松翠柏、古树怪石，无不清雅宜人，主要建筑有天王殿、三世佛殿、卧佛殿、藏经阁等。

卧佛殿是寺院精华所在，殿额"性月恒明"是慈禧手笔，殿内匾额"得大自在"为乾隆所书。殿中所供释迦牟尼铜卧佛像，铸于元代至治元年，长5.3米，重54吨，头西足东，神态安详，翡翠袈裟精美细致，显示出"大彻大悟心安理得"的禅宗佛理。须弥座上环立着12尊彩色圆觉佛像，表示佛祖在菩提树下圆寂前向12名弟子嘱咐后事，然后伸直躯体，安然逝去。此情此景，也许会让人联想到达·芬奇所绘名画《最后的晚餐》。

游人还可登上不远处的寿山亭，近瞰寺院，遥望京城。

在卧佛寺西北不远处即樱桃沟，"樱桃花万树，春来想灼灼"，是一处不染尘埃的世外净地。游人可由卧佛寺步行至此顺道一游。

千年银杏

卧佛寺内有两株银杏树，树龄均千年有余，树围需数人合抱，荫庇上百平方米。秋日一至，黄叶飘洒，景致闻名。故卧佛寺亦有"黄叶寺"之称。郑板桥有诗曰："匹马径寻黄叶寺，雨晴稻熟早秋天"。

◎卧佛寺大门

北京植物园

北京植物园位于香山之东、寿安山之南的三角地带。这里三面环山，凛冽的西北风被挡，所以气候温和，具有得天独厚的小气候。它始建于1956年，占地约900多亩，收集各种植物3000多种。园内建有适合各种植物生长的多种形式的栽培室，分门别类地养植着各种奇花异草。本园除了供观赏之外，也是从事植物引种驯化和实验研究的科研基地。

植物展览温室是全园的中心，包括13个玻璃建筑温室，栽培着1500多种植物。室内阳光充足，植物生长条件极好。棕榈植物室内满目清翠，一派生机，具有"世界油王"之称的非洲油棕即在这里。水生植物室充满热带水生植物，其中南美热带植物——王莲最为罕见。此莲厚大的叶子直径2～3米，上面能坐几个小孩。工业原料植物温室室内都是工业方面的经济作物，如橡胶树、可可树、咖啡树等。其他温室有芳香植物、药用植物，而具有较高观赏价值的花卉为数更多。

银杉，一般人认为在地球处于第三纪晚期已不存在。可是，中国科学家在５０年代居然在广西和四川的密林中又发现了"绝迹"的银杉，引起当时世界植物学界的轰动。如今引植在园中的银杉，树高约20米，枝叶繁茂，叶背有银色筋络，微风一吹，闪闪发光，有"植物熊猫"之称。

世界各国的珍花异草亦在园中蓬勃生长。如前美国总统尼克松赠送的美洲红木——"世界爷"；前菲律宾总统马科斯和夫人送的金蝶兰；日本前首相田中角荣送的翠花、樱花，斯里兰卡前总理班达拉奈克送来的佛教圣树——菩提树等。

★游览指南：乘318、330、333、360路车可达。

电话：62591283。票价：4元。

◎月季和菊花为北京市市花

◎植物园内的佛金香

大钟寺

大钟寺位于海淀区蓟门里和双榆树之间，本名觉生寺，建于清雍正十一年（1733年），为了悬挂万寿寺遗落的大钟特设计了上圆下方的二层钟楼，人们遂称此寺为大钟寺。

大钟寺坐北朝南，规模宏大，一派皇家建筑气派。由南往北依次为山门、钟楼、鼓楼、天王殿、大雄宝殿、观音殿、藏经楼、大钟楼；两侧有配殿、群房和跨院。

大钟楼是寺内独具特色的核心建筑，所藏之永乐大钟被誉为"钟王"，据说为京城"镇物"之一。永乐大钟与世界同类大钟相比有五大特点：

一是历史悠久，形大体重。大钟铸于明朝永乐年间，通高6.75米，直径为3.3米，钟唇厚18.5厘米，重46.6吨，距今已有500多年的历史，是明成祖迁都后三大工程之一。

◎永乐大钟

二是铭文最多。钟身内外，汉梵文字有22万7千多字，内容包括佛教经咒百余种，而且笔笔清晰。既是铸造技术的奇迹，亦为书法的典范。

三是钟声悦耳。轻击大钟，其音圆润、深沉、古雅；重击则纯厚、洪亮、庄严。此钟低音频率丰富，穿透力强，余音可持续3分钟，这得益于钟壁各部位厚度不同和内在金属结构合理。经鉴定，钟声可达方圆百里。

四是悬挂方式独特。如此巨钟仅用一根长1米、高14厘米、宽6.5厘米的铜穿钉悬挂于梁，其构造符合先进的力学原理，穿钉恰好能承受40多吨的剪切力，而且保证钟体与钟钮比例合理。

◎古钟

五是铸造工艺高超。该钟采用地坑泥范法铸造，为当时世界先进技术。据说俄国沙皇曾下令要铸造一口超过永乐大钟的皇钟，虽动用了大量人力物力，却因工艺不济，铸成的一百多吨的大钟冷却后出现大裂缝，无法敲响。

寺内除大钟外，还陈列着许多各个朝代的古钟，建成古钟博物馆，有兴趣的游客可细细观赏。

★游览指南：乘302、367、379等路车可达。电话：62550843；62550819。票价：10元

圆明园遗址

位于北京西郊海淀区东部。圆明园是清朝鼎盛时期建造的著名皇家御园。它占地347 万平方米，历时150 年进行建造，荟萃了中国园林建筑艺术精华。圆明园原有殿阁楼台140 余所，建景100 余处，其构筑或仿造仙宫幻境、或取自名山幽谷、或博采江南秀色、或依照西洋宫苑；并收集有丰富的艺术珍品和图书文物，享有"万园之园"之称誉。

◎大水法遗址

可惜的是，1860 年英法联军入侵北京，亦将魔爪伸向圆明园，他们先是肆无忌惮地掠夺抢劫和破坏，而后放火将圆明园烧了三天三夜，园中富丽堂皇的宫殿和人类文明的财富被吞噬殆尽。此灾过后，由于社会动荡，仅存的部分建筑又遭拆卸盗卖，林木被伐，使园内的景物荡然无存。

圆明园遗址是列强侵华的铁证，凡游园的中国人，无不为之惋惜，现在虽然对遗址进行了大规模绿化和整修，但仍有意识地保留了西

◎欧式迷宫黄花阵

洋楼遗址、大水法、观水法、远瀛观等遗迹供人凭吊。

★游览指南：乘331、365、375 路车可达。

电话：62568872；62628501。

票价：25 元

◎当年盛景无处觅

北京大学／清华大学

与圆明园毗邻的北京大学呈现出迥然不同的精神风貌。

◎校园一景

已有百年历史的北京大学在近代中国的历史上占据了十分重要的地位。这里是"五四"运动的发祥地，也是中国新文化运动的中心。无数革命先烈、大师学者高举民主科学的旗帜，成为北大百年沧桑所凝聚、积淀而来的文化底蕴。

古朴典雅的燕园兼有北方园林的恢宏气势与江南山水园林的旖旎秀丽，如诗如画的风景与兼容并包、思想自由的人文精神交相辉

◎未名湖畔

◎北大图书馆

◎清华大学内闻一多像

映。在北大的任何一个角落都可以看到巍然屹立的博雅塔，她深沉而泰然，像是这座百岁古校的最好代言人。未名湖则是北大的"眸"，闪烁与宁静之中，注视着岸上的一草一木，一人一景。

◎晨读

与北京大学相隔不远的清华大学同样也是国内品学兼优的学子心向神往的最高学府，两座名校都值得一游，是文化之都里一道别具韵味的风景线。

◎清华图书馆

西山八大处

在石景山区的小西山，有三座秀丽的山峰——卢师山、翠微山、平坡山，上面散落着隋唐至明清建筑的8座古刹，蓝瓦红墙掩映在青山绿树之中，蕴藏着浓郁的诗情画意，此处即著名的"西山八大处"。

山下有一条清溪沿山脚潺潺流过，名柳溪，溪上横跨着5座小桥，月夜沿溪一望，5桥贯如连珠，即所谓"五桥夜月"之景。这里的一溪、三山、五桥、八刹构成了天然风景区的12景。12景的名称是：绝顶远眺、春山杏林、翠峰云断、卢师夕照、烟雨鹃声、雨后山洪、水谷流泉、高林晓日、五桥夜月、深秋红叶、虎峰叠翠、层峦晴雪。

山中庙宇大部分是元、明、清时建筑，如今都得到全面的维修。这八处庙宇是：第一处为长安寺，以保存有元代

◎灵光寺佛牙塔

白皮龙爪松著称；第二处灵光寺，建有高51米的佛牙塔；第三处三山庵，存有能显现花木鸟兽流云等奇异花纹的水云石；第四处大悲寺，供奉姿态生动的佛像；第五处龙泉庵，以泉著称；第六处香界寺，为八大处主寺；第七处宝珠洞，可凭眺山景；第八处证果寺，在八大处中历史最为悠久。

目前八大处公园建有克莱明架空索道和富斯特滑道，其重阳游山会亦成为秋季旅游的盛会。

★游览指南：乘347、389等路车可达，亦可乘地铁至苹果园站换乘311路车。

◎古寺青松品香茗

◎辽阔草场

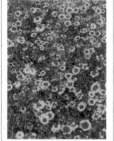

◎山花烂漫

灵山

灵山是北京的第一高峰，海拔2303米，位于门头沟区西部，距北京市区100多公里。

从门头沟区的江水河村上山，可见山势雄伟险峻，怪石嶙峋，有天然森林和万亩高原草场。山上野生动植物资源丰富，可见金钱豹、野山羊、山羊等的踪迹。海拔1900米以上是辽阔的高山草甸，草毯上嵌绣着灿烂野花，新疆细毛羊、伊犁马、青海牦牛嬉戏其间，别有趣味。灵山顶上晨可观日出，夜可看京城万家灯火。

★游览指南：到门头沟河滩长途汽车站换乘开往齐家庄的长途汽车，在齐家庄有便车进山。展览路有直达旅游车。

◎京城灯火夜

近郊西南线

景点丰富又各成支线，名胜古迹各具特色。

卢沟桥

在北京城西南15公里处的丰台区永定河上，有座大石桥，因永定河又名卢沟，故称卢沟桥，为北京现存最古老的石造联拱桥。此桥始建于金大定二十九年(1189年)，金代建中都，北京城逐渐兴起，卢沟桥成为连接北京小平原与华北大平原的重要通道。明、清两朝曾经重修，均保持原貌。

卢沟桥全长266余米、宽9.3米，桥身装饰华美，望柱饰有石狮，栏板饰有花纹。桥东、西两头分别有一对石狮和一对石象代替抱鼓石，西桥头另有华表四座。桥有券洞11孔，桥墩10个。桥墩的设计十分科学，迎水的一面砌成分水尖，尖长4.5米～5.2米，尖端垂直安装三角形铁包柱，以减缓水流冲击力和破碎初春解冻时流过的冰排，俗称"斩龙剑"(或"斩凌剑")。

石狮子是卢沟桥一绝，北京有句歇后语"卢沟桥的狮子——数不清"就是形容其多。因为石桥两侧1.4米高的望柱有281根，每个望柱顶端都有一个大狮子，大狮子身上雕着神态各异的小狮子，由于雕刻工艺高超，极尽传神精巧之能事，小狮不易发现。直至1961年经考古工作人员勘察，数出卢沟桥上的石狮总数为485只，有兴趣的游客不妨数来看看，是不是真的数不清。

◎"卢沟晓月"碑

卢沟桥东端有碑亭，为乾隆所题"卢沟晓月"四字及书卢沟桥诗。"卢沟晓月"是著名的燕京八景之一，由远山、近水、晓月、美桥相互映衬，浑然一体而成，意境超然。每年农历八月十五，明月东出宛平城楼，晨落桥西，位置正对桥中，充满

◎卢沟桥横跨永定河

◎卢沟夕照

卢沟诗赋

河分桥柱如瓜蔓,
路入都门似犬牙;
落日卢沟桥上柳,
送人几度出京华。
　　——金·赵秉文

河声流月漏声残,
咫尺西山雾里看;
远树依稀云影淡,
疏星廖落曙光寒。
　　——明·杨荣

禁城曙色望漫漫,
霜落疏林刻漏残;
天没长河宫树晚,
月明芒戌楼寒。
参差阙角双龙迫,
迤逦卢沟匹马看;
万户鸡鸣茅舍冷,
遥瞻北极在云端。
　　——明·张元芳

诗情画意,赏月者甚众。

元世祖时代,在中国做了20多年官的意大利人马可·波罗在他的游记中激动地写到卢沟桥:"河上有一座美丽的大桥,各处桥梁之美鲜有及之者……建置甚佳,老实说,它是世界上最好的、独一无二的桥……"。

1937年爆发的"七七事变"再次大振卢沟桥的威名,抗日战争就在这里拉开了序幕。卢沟桥与桥东的宛平城都成为中华民族抗日战争的重要纪念地。

宛平城建于明崇祯十三年(1640年),最初为一城堡式桥头堡。城内面积约0.2平方公里,形制与普通县城有别,无街巷、市场、钟鼓楼等,实际上是一座大堡垒。1928年宛平县署迁至这里,遂称宛平城。城有东西两门,设有瓮城和敌楼。东门曰:"顺治",西门曰"威严"。有中心台,南曰"洪武",北曰"北极"。城的四周原有角台,上有角楼,城墙厚实坚固。"七七事变"发生时,日军攻击宛平守军,古老的宛平城承受着日寇猛烈的炮轰和枪击,现在仍可清晰看到斑斑痕迹。1987年落成的中国人民抗日战争纪念馆存有大量文物和图片,时时提醒后人勿忘历史,警钟长鸣。

◎卢沟桥的狮子数不清

潭柘寺

潭柘寺是北京地区最早的佛寺，故北京城流传着"先有潭柘，后有幽州"的谚语。

潭柘寺距市中心约46公里，位于京西门头沟区潭柘山宝珠峰前。建于晋代的古朴寺院掩于郁郁山林间，曲廊画殿、幽雅别致。雄伟的殿宇可分三路：中路为主要部分，有山门、天王殿、大雄宝殿、毗卢阁等；东路有方丈院、延庆阁、流杯亭、舍利塔、地藏殿、元通殿、竹林院等；西路有戒台、观音殿、龙王殿、祖师殿、大悲坛等。寺外还有龙潭、观音洞、明王殿、歇心亭等景点，"潭柘"二字即缘于庙后有龙潭、山间有柘树。著名的"潭柘十景"分别为：平原红叶、九龙戏珠、千峰拱翠、万壑堆云、殿阁楠熏、御亭流杯、雄峰捧日、层峦架月、锦屏雪浪、飞泉夜雨。

潭柘寺中路第一进院为天王殿。殿前有一口著名的铜锅，直径1.85米，深1.1米，为和尚炒菜所用。另一口大锅在东跨院北房西次间，直径4米，深2米，一次煮粥放米10石，16小时方熟。大雄宝殿在天王殿后，建于汉白玉台基上，为五开间重檐庑殿顶，堂皇富丽，足见其身价不凡。其殿顶上的鸱吻为镇水祥物，高2.9米，色彩鲜艳，造型生动有力。相传鸱吻为龙之子，曾在一风雨之夜跃跃欲飞，僧人便用鎏金长链将其锁住，现在吻上"镀金剑光吻带"据说为康熙所赐。大雄宝殿后有棵千年银杏树，曾被乾隆封为"帝王树"，据说清代每一帝王登基，树根都生一新枝，后与主干合拢，每死一帝，子树即自裂口，与母树合而为一。唯自清咸丰、同治、光绪时所生之干，细仅盈握。宣统登基，树旁忽发十余新株，识者遂知清室数尽，大乱将至矣。

中路的最后一层殿宇为毗卢阁，为中轴线上最高处的建筑，登阁可俯瞰全寺，屋面造型别致新颖，阁前花

◎潭柘寺

木繁茂，给肃穆的古刹增添了几许生机。

观音殿是西路最后一座殿宇，为元世祖忽必烈的女儿妙严公主出家修行之所，殿内有"公主拜砖"，据说是因为公主每日虔诚膜拜，把砖磨透，留下遗迹。

◎森严古刹

寺东路是庭院式建筑，清时为行宫院。前部竹地内种植名贵翠竹，有"金镶玉"和"玉镶金"之分。

★游览指南：乘307、326、336至河滩，换乘长途车可达，亦可在前门、阜成门乘游7前往。

戒台寺

戒台寺在京西门头沟区马鞍山，距市区35公里。为自河滩去潭柘寺的必经之路，游人可安排二座古寺作一日游。

寺院始建于唐武德五年(622年)，辽代时高僧法均在寺内修建戒坛，受戒者纷至沓来，名声始震。法均和尚的衣钵塔和墓塔现在寺院内，是两座具有典型辽代风格的密檐砖塔。戒台寺坐西朝东，整个建筑依山势层层高升，错落有致，景物清幽，颇有江南寺院的雅致。主要建筑有天王殿、大雄宝殿、千佛阁、三仙殿、九仙殿等，以寺中戒台与松最为著名。其戒坛设于西北院，为高3.5米的汉白玉方台，底层23米见方。台基雕刻精美，环坛雕刻数百一尺多高的戒神，坛上有新塑的释伽牟尼坐像(原像于1973年移往浙江天台山圆清寺)。像前有十把雕花木椅，即和尚受戒时"三师七证"的坐位。该戒坛为我国现存戒坛中最大的一座，为明代遗物，与杭州昭庆寺、泉州开元寺戒坛并称中国三大戒坛。

有古诗云："潭柘以泉胜，戒台以松名，一树具一态，巧与造物争。"沿戒台殿前高台而上，南北排列着5棵奇松：抱塔松、九龙松、卧龙松、自在松、活动松。寺内还有各种形态的古松密布，微风徐来时，此为"戒台松涛"也。曾有游人作诗赞寺内之松："慧聚寺内多古松，绿荫压地禅院清。古刹古松古迹胜，游人游此游兴浓。"

北京主题公园、人文景园

世界公园

位于丰台区花乡大堡台，距市中心天安门广场16公里。汇集世界近50个国家著名人文、自然景观100余处，所有景观制作精确、逼真、比例适当，令人称道。浏览中可领略各国风土人情，品尝异域美食，欣赏世界民俗大游行，买到异国旅游纪念品。

乘车：西便门乘390路汽车(7:00-18:00每隔40分钟发一班)，另外西便门、公主坟、前门辟有世界公园专线

电话：63815153　票价：40/48元

中华民族园

位于奥林匹克体育中心西侧，有各民族生活表演、歌舞表演、民居生活展示、民族小吃、民间工艺制作表演等。

乘车：380、407、406、特2路公共汽车体育中心西门下车

电话：62063640、62063646

票价：36元

◎戒台寺

周口店猿人遗址

举世文明的古人类遗址——周口店猿人遗址位于房山县镇西1公里的龙骨山上。镇东南为肥沃平坦的华北大平原，西北为太行山余脉形成的丘陵地带。龙骨山距北京市区50多公里，山北端有一个东西走向的岩洞，即是"北京猿人"在距今六七十万年前生活的地方。

◎北京人头像（女性）

◎山顶洞人头像（男性）

1929年12月2日是人类学史上不平凡的一天，我国考古工作者在此发现了第一个完整的北京猿人头盖骨化石，沉睡60多万年的猿人遗骨重见天日。1933年在北京猿人洞的山顶洞中又发现距今20万年前到1.8万年前的"山顶洞人"化石，所发现的残碎骨骸代表7个不同个体，入葬时死者身上还曾撒下红色赤铁矿粉末。这些无价之宝，为人类的发展和古生物研究提供了重要依据。

建国以来，发掘工作又有惊人的收获：共发掘40多具不同年龄的男女人体骨骼化石，118种动物化石和各种石器10余万件，还找到古人类曾用火的证据，将人类用火的历史一下提前了数万年。把这里称作研究人类文明的宝库，毫不夸张。此外还发现了距今1000万年以来的鱼类、兽类、鸟类化石，成为研究地质环境、气候变迁、生物演化的天然博物馆。

★游览指南：天桥乘917路汽车到周口店道口步行或租车前往，亦可在永定门乘473次火车。

老北京微缩景园
位于昌平县南口镇，荟萃了老北京的各式建筑，颇有老北京风味，是老年人怀旧、年轻人游玩的好去处。
乘车：919路至陈庄下车
电话：69771805
票价：45元

明皇蜡像宫
位于昌平西关环岛北侧，是世界上最大的蜡像馆，运用高科技手法再现明代276年历史中具有代表性的历史事件。展厅面积8000多平方米，共有26个场景、374尊蜡像。
乘车：919、345、376、357路可达
电话：69748709
票价：40元

北京蜡像馆
位于地坛公园斋宫内，有历史馆、科技人物馆、文学艺术馆等展馆，陈列着我国古代的53位历史、科技、文化名人的蜡像，为市级文物保护单位。
乘车：特2、18、104、108、119、407路地坛站下
电话：64267317
票价：5元

◎周口店猿人遗址

◎千奇百怪的石灰岩洞

上方山／云水洞

上方山又叫上房山，古称六聘山。位于房山县境内，京西南75公里处，是大房山的一支余脉，主峰海拔800米，峰奇山秀，古木参天。以奇峰、异洞、茅庵、古木闻名，有云水洞、天柱峰等九洞十二峰和以兜率寺为中心的七十二庵等名胜古迹。十二峰以形状命名，有天柱峰、观音峰、啸月峰、飞来峰、回龙峰、毗户峰、锦绣峰、角王峰、望海峰、狮子峰、青龙峰、驼峰。

上方山的九洞之冠为云水洞，在后山腰，是我国长江以北的大石灰岩溶洞之一。洞长620米，6个厅由天然巷道相连，厅内的钟乳石千奇百怪。洞中有我国最大的石笋，高37米。按各种形态，钟乳石被命名为卧虎岩、半悬山、通天柱、鼓楼、钟楼、二龙戏珠、双狮顶牛、老头看瓜、象驮宝瓶、心肝肺、观音说法台、十八罗汉等。这些由大自然造化的奇异景致栩栩如生，彩灯一照，光怪陆离，有的还能击出各种音响。其他较著名的溶洞还有朝阳洞、华严洞、金刚洞、西方洞、九还洞等。

★游览指南：北京南站乘795次至孤山口站下车北行，当日乘796次返回，或从天桥乘917路汽车至房山换乘并往圣水峪的班车。电话：69889542。票价：40元。

石经山／云居寺

赫赫有名的"房山石经"即指藏于北京西南郊房山云居寺和石经山藏经洞内大量的珍贵的石刻佛教经藉。这些石经刻于公元七世纪初，由隋朝僧人静琬初创，历经隋、唐、辽、金、元、明六个朝代，延续千余年，共刻佛经1122部3572卷，刻石14278块，排列起来足有12.5公里长。如此大规模、长时间的镌刻，在中国乃至世界刻经史上绝无仅有，难怪被赞为"北京的敦煌"。

◎石经山雷音洞

十渡风景区

素有"北方小桂林"之称的十渡风景区位于房山区张坊至平峪之间，拒马河宽阔蜿蜒，由西北往东南横贯全区，在景区内形成10个渡口。沿河层峦叠嶂，景色迷人。乾隆曾作诗称这里为"十里琼瑶"。拒马河为大清河支流，发源于太行山东侧涞源县，曲折东流，至北京市房山区分为南、北拒马河二支，全长500余里，房山十渡旅游区一段长40余里。连绵不绝的河谷两岸，青山高耸，河中碧波荡漾，鱼虾畅游，充满山林野趣。

拒马河一带曾是古战场。宋辽时期、明清时期有许多关于这一带的战争诗文。清乾隆帝有诗曰："燕争赵攘无消息，割据犹传拒马迹。"

十渡旅游区在方圆700余平方里的范围，分布有主要景点20余处，分中、东、西三部分。

中心区包括八渡、九渡、十渡三个自然村。火车站在十渡。火车站北边，一东一西最引人注目的两座高山是石人峰和蝙蝠山。石人峰在火车站西北，犹如巨人擎空，极富神秘色彩；蝙蝠山在火车站东北，山形酷似两只振翅起飞的蝙蝠。在十渡村外路边山崖上有一个大"佛"字，此字天然生成，令人称奇。服务中心和水上公园在九渡。

自八渡至千河口（一渡）为东段旅游区。景点有石笋峰、六渡浴场、朝晖山、险峰断壁、千尺窗等，犹如一幅20余里长的画卷，在游人眼前渐次展开。

从十渡至平峪的西段旅游区，景点有石山、棒槌岩、塔山仙池、跳水台、东湖港等。游览完这段10余里的自然景色后，可在平峪乘火车离开。

★游览指南：乘游10路直达，也可在天桥乘917路至房山再转车，或在永定门火车站乘京原线火车十渡站下。电话：69860804。票价：各景点12元~20元。

◎十渡风景如画

◎古城墙残垣

◎山林深处

远郊西北线

清帝陵

分为东西两处。东陵在河北遵化具马兰峪，外围至少有500多里。埋葬着5个皇帝，15个皇后，136个妃子。各陵以顺治的孝陵为中心，分布在东西两侧。皇帝与后妃分陵而葬，不像明代那样合葬一穴。西陵在河北易县梁各庄附近，周围大约一百七八十里。葬有4个皇帝，9个皇后，27个妃子。以雍正的泰陵为中心。

东陵和西陵周围都有面积广大的绿化区，陵区内布局整齐划一，讲究对称和均衡。陵丘形制都像高桩馒头，外面绕有一圈围墙，前有琉璃影壁一座，通往地宫的隧道就在这下面，不像明帝陵的入口那么隐秘。清帝陵不但地面和地宫建筑富丽豪华，而且还有大量珍贵的殉葬品，以乾隆和慈禧的

此线离城区路途较远，以十三陵和八达岭长城最为有名。

十三陵

北京昌平县境内的天寿山南麓有一处明代帝王陵墓群，即中外闻名的十三陵。在方圆40公里的范围内，埋葬着明朝自成祖到思宗13位皇帝、23位皇后和众多的嫔妃、太子、公主、从葬宫女等，营建了长陵、献陵、景陵、裕陵、茂陵、泰陵、康陵、永陵、昭陵、定陵、庆陵、德陵、思陵共13座陵墓。

十三陵景点示意图

各陵除面积大小、建筑简繁有异外，其建筑布局、规制等基本一致。平面均呈长方形，后面有圆形或椭圆形宝城。建筑自石桥起，依次为陵门、碑亭、祾恩门、祾恩殿、明楼、宝城等。各陵之间均有神路沟通，陵区四周设有陵墙，南为正门。现在游人一般游览参观石牌坊、大宫门、石像生、长陵、定陵等处。

石牌坊

位于十三陵神路最南端，该坊五门六柱十一楼，建于明嘉靖十九年，为我国现存最大、最早的石坊建筑。坊高14米，以汉白玉砌成，夹杆石四面有浮雕，所刻麒麟、龙和怪兽神态各异，造型生动。所饰云纹柔美飘逸，晶莹光洁。

大宫门

过石坊即大宫门，为陵墓区的正门。门分三洞，旁连40公里围墙。门前竖着"官员等人至此下马"碑。

由大宫门再进去可见碑楼有四个华表柱，柱顶雕着兽物，头朝北称"望君出"，头朝南曰"望君归"。碑亭内赑屃驮巨碑，上刻"大明长陵神功圣德碑"。

石像生

位于大碑楼至龙凤门的神路两侧。为明宣德十年雕造，均用整块巨石雕琢，共计石兽24座、石人12座。包括狮子、獬豸、骆驼、麒麟、马、象各4匹，二卧二立；文臣、武臣、勋臣各4人，象征文武百官。36座石像形体硕实，狮子为首，以示威严；獬豸独角专触不正之人，麒麟乃吉祥之兽。雕工神肖简朴，露立于大自然中，实为神来之笔。

◎文臣石像

陵寝最为奢侈。所以从20世纪初开始，这里就不断遭到抢劫。八国联军抢走了东陵所有的金银祭器以及西陵地面上一切值钱的东西。清王朝覆灭后，封建军阀又盘踞在这里大肆盗窃文物，甚至连绿化区内的松柏都全部砍光。1928年，东陵发生了由军阀孙殿英指挥的盗陵大案，乾隆帝的裕陵和慈禧陵被炸开，地下殉

◎石像形体硕实而简朴

◎长陵

葬的财宝被抢劫一空。
1952年，东陵又发生一次
盗陵事件，同治的惠陵受
到严重破坏。现在陵园经
过多次修缮和清理，已开
放了裕陵和慈禧陵的地
宫，供游人参观。

◎景陵

由石雕群往北走经棂星门（龙凤门），穿七孔桥即达十三陵中最大、也是最具特色的长陵。

长陵

位于天寿山主峰之下的长陵埋葬着明成祖朱棣及皇后徐氏。整个陵园用围墙环绕，分三个院落，规模宏大。地面建筑形制为前方后圆，在陵的中轴线上有主体建筑祾恩门、祾恩殿、内红门、龙凤门、明楼等，其它附属建筑分建两侧。其祾恩殿为我国绝无仅有的宏伟楠木建筑物，殿宇宽广，气势不凡。殿内有60根整材楠木巨柱承托梁架，殿四周基座上环绕着三层洁白无瑕的汉白玉栏板和望柱。祾恩殿的后面有"宝城"，所围土山即长陵的大坟头，又称"宝顶"。绕一圈有2里多，成祖即葬于底下。从宝城的甬道上去到达明楼，在此可尽收十三陵全景，永陵在东，定陵在西，左右分别是景陵和献陵。

◎长陵祾恩殿

◎定陵地宫棺椁

◎定陵地宫供桌椅

定陵

定陵在昭陵东北大峪山(原名小峪山)下，埋葬着明神宗朱翊钧和孝端、孝靖两位皇后。朱翊钧是个残暴荒淫之君，12岁登基，22岁开始修建自己的坟墓，在位48年不问朝政，只知纵饮欢乐。历时6年之久、耗银800万两之巨建造出了奢华绚丽的定陵来。

定陵地宫为陵墓的主要部分，是现已发掘的皇陵中规模最大的一座，由前、中、后、左、右五殿及隧道组成，建筑高大豪华，结构宏伟巧妙。

◎武将石像

明朝十三陵墓表

陵号	朝号	姓名	年号(年代)
长陵	成祖	朱棣	永乐 1403-1424
献陵	仁宗	朱高炽	洪熙 1424-1425
景陵	宣宗	朱瞻基	宣德 1426-1435
裕陵	英宗	朱祁镇	正统 1436-1449 天顺 1457-1464
茂陵	宪宗	朱见深	成化 1465-1487
泰陵	孝宗	朱祐樘	弘治 1488-1505
康陵	武宗	朱厚照	正德 1506-1521
永陵	世宗	朱厚熜	嘉靖 1522-1566
昭陵	穆宗	朱载厚	隆庆 1567-1572
定陵	神宗	朱翊钧	万历 1573-1620
庆陵	光宗	朱常洛	泰昌 (1620)
德陵	熹宗	朱由校	天启 1621-1627
思陵	毅宗	朱由检	崇祯 1628-1644

后殿陈列 3 座棺椁，中间为神宗，两边为两个皇后，棺椁周围有 3000 多件随葬的文物珍宝。1956年试掘定陵时出土的珍贵文物现在陵内陈列，其中以皇帝金冠、皇后

◎泰陵残垣

凤冠最为引人注目。定陵是我国有计划科学发掘的第一座古代帝王陵墓，所获得的大量考古与文物资料，具有极高的学术价值和历史价值。

十三陵东面的十三陵水库，建于1958年，是斜墙式的拦洪水坝，横跨影壁山及汉包山，风光清幽，至十三陵时可顺道一游。

★游览指南：德胜门乘345路至昌平县城，转乘314路汽车可达；也可自北郊市场乘直达车；或在前门乘游1、游5，北京站乘游2，动物园乘游3，东大桥乘游4均可直达。

◎十三陵水库

居庸关

居庸关在昌平县南口镇以北、20公里长的关沟之中，是万里长城最有名的关隘之一，为古代北京西北的重要屏障。以秦始皇修长城"徙居庸徒于此"而得名。古时居庸关范围包括全部关沟峡谷，形势险要，为兵家必争之地。山谷中峰峦叠嶂，林木葱郁，景致非凡，著名的燕京八景之一"居庸叠翠"碑就在此谷中部的叠翠山上。

◎云台石刻

居庸关中有一座汉白玉高台，始建于1345年，人称云台。因台上曾建有3座藏式佛塔，台下为券门，故原叫"过街塔"。明初佛塔被毁，后又建泰安寺；清朝前期，寺又毁，现仅有柱础和望柱。云台面积有310平方米，门上正中刻有金翅鸟王，两旁刻有金刚杆图案和象、龙等浮雕，台下券门内壁上有四大天王浮雕和兽神图案，券顶上布满"曼陀罗"图样，花中刻有佛像，共2215尊，均为元代艺术精品。内壁还有用梵文、藏文、八思巴文、蒙古文、西夏文、维吾尔文等6种文字镌刻的《陀罗尼经咒》和《造塔功德记》，这是研究我国古代文字的重要实物，具有极高的历史、文学、金石、文物研究价值。

◎居庸关云台

◎八达岭石佛寺遗址

八达岭长城

长城是我国古代伟大的军事工程，也是中国人的骄傲和中华民族悠久历史的象征。它东起山海关，西至嘉峪关，蜿蜒12700多里，以"万里长城"闻名于世。中国首建长城于公元前7世纪，秦始皇于公元前221年统一中国后耗费巨大人力物力，以"修万里城，筑万里人"的代价完成了这一宏伟工程。从此万里长城巍然屹立于世界的东方，经历了千百年的风霜雨雪。

八达岭长城是北京地区的长城制高点，山顶海拔1015米，是居庸关范围内的北口。因"出居庸关，北往延庆州，西往宣镇，路从此分"，故名八达岭。八达岭关城建于1505年，城高7.5米，厚4米。东西两门东曰"北门锁钥"，西曰"居庸外镇"。关城入

◎模拟放炮

◎八达岭长城

◎长城险峻蜿蜒

口处有明代大炮，长2.85米，周长1.05米，名叫"神威大将军"。

八达岭一段长城具有典型性。这段长城墙高7.8米，上宽5.8米，可容5匹马并行。整座城墙用花岗岩条石和特制城砖砌筑而成，高大坚固。墙顶分段设置敌台、垛口和射洞，还特设有排水系统。城墙旁，视野开阔处附设古代传递军情信号的烽火台。

◎长城西至嘉峪关

八达岭地区山势险要、城关重叠，作为军事防御可谓固若金汤。但当年李自成即由宣府、怀来方向直闯八达岭，夺关而入，摧毁了明王朝。如今登上城关，望长城蜿蜒于无尽群山之中，引发诸多怀古幽思，"出塞抱琵琶、骑驼还故乡"，长城静观了多少的千古青史和情怀！

◎长城是中华民族的骄傲

★游览指南：乘919路车可达；或在前门乘游1、游5，北京站乘游2，动物园乘游4，东大桥乘游3可达。电话：69121235。票价：25元。

◎克林顿一家游长城

龙庆峡

龙庆峡位于延庆县东北10多公里处，距北京85公里。为古城河流经的一条深峡谷，全长7000米，呈白云岩岩溶地貌。这里两山对峙，如刀削斧劈，峡谷内湖水清澈、青山倒映，水面雾霭沉沉，气候凉爽宜人，景色于雄浑壮观中不失清幽秀丽，被人们誉为"塞外小漓江"。

龙庆峡因元代仁宗皇帝出生在附近的香水园村，登基后将缙山县升为龙庆州而得名。峡谷内的古城河于1980年被筑坝拦成古城水库，形成碧绿水面。游人搭腾龙电梯欣赏高达72米的水库大坝和大坝垂瀑后，即可乘船游览龙庆峡山水相映的秀丽风貌。

旅游区内有景点30多处。越过"大坝雄立"第一景，"震山如来"、"石熊跳崖"、"乌龟探头"等景观接踵而至。峡谷犹如一串宝链，将诸多景点连缀、宛如画卷。

古城河由溪流变成人工湖后，水平似镜，沿湖的独秀峰（鸡冠山）、金刚山（双剑崖）、神笔峰、东大寨、西大寨等诸峰环列，倒映入水，嶙峋多姿，千奇百怪。此景即为延州八景之一的"神峰列翠"。位于金刚山半山腰的金刚寺，近年修葺一新，已接待游人。

◎冰雕

"峡江十里"是龙庆峡的主要景观。从河口大坝至三岔河近7里长的峡谷，两侧山势不高却甚险，壁面几乎与河水垂直，河水忽宽忽窄，宽处约50米，窄处不足10米，极为蜿蜒曲折。每一曲折，自出一景，并伴随着美丽的神话传说，如马蹄潭、十八盘、造钱炉、三岔河、金銮殿等。

水库旁有一小山，原名红土坡，半山处建神仙院和玉皇庙。两庙皆建于明代，玉皇庙毁损，仅有石碑一

◎龙庆峡

方。神仙院在解放前被毁，于1992年5月重修开放。神仙院门前有树龄逾300岁的古松一株。庙后有长4米、宽3.4米、深1米的"神盆"，盆中之水清冽甘甜，长饮不竭。

◎冰雕

龙庆峡气候凉爽，夏季是消夏避暑的好去处，冬季展出的冰灯则让人不去东北亦能体会冰雪之趣。

★游览指南：德胜门外北郊市场乘919、920长途汽车到延庆，换乘中巴直达，或从天安门乘游8路直达。电话：69191020。票价：35元。

康西草原

康西草原位于延庆县康庄火车站西2公里处，距北京城80公里。草原西濒官厅水库，北邻海陀山，面积达2130多公顷。因地处康庄以西而得名，据说与清朝康熙帝亦有联系。

草原南北狭长，河流平缓，随水蜿蜒。生长着苜蓿、白茅、野菊等50种草类植物，还有天鹅、野鸭、银鸥等20多种禽类和野兔、狐狸等10余种兽类出没，是北京市境内唯一的草原大自然景观。每到夏季绿草如茵，野花如星。由于地高傍水，日平均气温比市区低4℃～5℃，气候凉爽。游人至此可饱览"风吹草低见牛羊"的草原风情；也可体验住蒙古包、策马扬鞭的牧民生活；抑或下湖戏水，垂钓怡情；还可登上20米高的望景塔，将塞上风光尽收眼底。

★游览指南：德胜门外北郊市场乘919路或班车直达，或从西直门乘京包线火车康庄站下车西行。

密云县

1．司马台长城、白龙潭一日游；

2．司马台、白龙潭、黑龙潭、京都第一瀑、密云水库二日游；

3．黑龙潭、京都第一瀑、密云水库二日游；

怀柔县

1．慕田峪、原始部落游乐园、神堂峪二日游；

2．雁栖湖、幽谷神潭、紫云山二日游；

3．红螺寺、青龙峡、神堂峪二日游；

4．慕田峪、卧佛寺、原始部落踏青赏花二日游；

5．雁栖湖、青龙峡、幽谷神潭消夏避暑二日游；

6．慕田峪、乡间情趣园、原始部落采摘实叶二日游；

顺义县

1．焦庄户地道遗址、大龙世界、潮白赛车城；

2．大龙世界、顺翔卡丁赛车、绿色度假村；

◎康西草原

远郊东北线

为远郊线，由长城及密云水库周边景点构成，其景之趣不在秀，而在壮。

慕田峪长城

慕田峪长城位于北京东北怀柔县境内，距北京73公里。万里长城自东南而西北在崇山峻岭之巅蜿蜒。山势曲直相间，故极富立体感。慕田峪所处地理位置极为险要，东连古北口，西接居庸关，自古以来是交兵之地。东北方向28里有三角城，是明初大将徐达大败元兵处，为防敌兵卷土重来，在此始建城防。明永乐二年(1404年)正式建关，加强防御能力。隆庆三年(1569年)，著名爱国将领谭纶、戚继光对此段长城大力维修重建，并增设敌楼、炮台、烟墩等设施，奠定了现在所见之规模。

◎从券门眺望长城

这座构筑风格独特的长城总长2250米，敌台多达22座，目前开发用于旅游约1700米，敌台14座。特别是正关台，三座敌楼并立，实为少见。基于能攻善守，两面御敌之需要，长城两面设垛口，外侧设拦马坑。慕田峪关隘处，地处交通主干，地势并不太高，仅海拔486米;而东南部的三道城墙汇合处，却建在603米的山巅;西北方的"牛角边"地势险峻高达千米，如刀削斧劈的峰顶即有名的"铜扣"，状如一只仰天的雄鹰之嘴，俗称"鹰飞倒仰"。

慕田峪长城上的诸多敌楼，内部结构截然不同，外形不一，犹如不同结构的长城敌楼展览。

旅游区内植被良好,果树成林,总覆盖率达80%以上,鸟语花香,四季各有意趣。此处盛产核桃、板栗、杏仁、糖梨、红果。树木中树龄300年以上的古松20余株,百年以上的古松200余株。在景区入口处有棵奇特古松,主干上分长着马尾和油松二个枝干,称"鸳鸯松"。

"不到长城非好汉",徒步观赏自是豪气十足,但若不堪脚力的话,此处亦有高空登山缆车通向13号敌台,可助游人实现登临长城的壮志。

◎豪气十足长城游

★ 游览指南: 乘游6路或916路汽车直达。电话:69642022。票价:20.5元。

◎不到长城非好汉

长城多知点

①宇墙·垛口·瞭望口·射眼

长城墙顶靠里的一面,用砖砌成高约1米多的墙,叫"宇墙",又称"女墙"。靠外侧的一面则建有高约2米的"垛口",又称"雉堞"。每个垛口上面开一小口,可瞭望敌人的情景,称"瞭望口",其垛口的下面也有一个小口,专用来射击敌人,称之"射眼"。

②墙台

墙台于平时是守城士兵放哨的地方,战时则变成射击敌人之防卫处。长城沿着城墙上没隔多远就有一个突出墙外的台子,其台面与城墙顶部差不多高,此即墙台。墙台凸出一部份于墙外,外侧有垛口,若敌人侵犯至城边时,由墙台左右两方射击来敌,可处于较优的情势。

白龙潭

白龙潭位于密云县城东北30公里处，又名石盆峪，亦称龙潭沟。相传此处曾有一白龙久居潭中，广布甘霖。宋时苏辙有诗云："白龙昼饮潭修尾挂石壁"，白龙潭因此得名。据有关记载，自宋元以来此处始有建筑，明清之际建筑尤胜，帝王将相、社会名流在此留下不少遗迹。

白龙潭是清朝历代皇帝游幸"离宫"（今承德市）的必经之路，建有行宫，亦是观光避暑之地。据白龙潭玉龙祠乾隆御碑记载，自乾隆四十四年（1779年）始，白龙潭每年都要举行"祭辰日"，即祭龙活动，每年旧历三月三在民间是"开潭"的日子，从三月初一到十五，方圆百姓都到此赶庙会、祭龙神、庆开潭，盛极一时。近年这里曾举办了"乾隆祭龙民俗观赏节"，再现当年盛况。

白龙潭风景区三面环山，山上树木茂盛。南山古松柏、东山桃李梨、东北栌柞橡，四时之景随树而迁。春季山花烂漫，深秋红叶似火，是人们观赏山林的最佳去处。

龙潭似石盆，分头潭、二潭和三潭，在一条垂直线上逐次跌落，有"三潭叠锦"之称。其奇特处在于每年深秋封潭，水仅至踝，下面都是细沙，春季定时自动开潭，届时沙砾皆无，清泉上涌，潭内之水深不可测，下泻成溪。

五龙祠位于白龙潭水坝之下，始建于元代，祠前有清朝乾隆、嘉庆皇帝的御碑。

龙泉寺在五龙祠下边，建于元代，明清两代多有修缮。殿前有6棵百年古柏。寺内有明代大将戚继光的墨迹、晚清军机大臣李鸿章的碑刻及窃国大盗袁世凯的碑碣。

★游览指南：宣武门，东四十条乘游12可达，或从东直门外乘长途汽车到密云下车，换乘中巴直达。电话：69932898。票价：16元。

③敌台

敌台是明朝大将戚继光所创建的，目前在山海关与居庸关这一段的跨墙敌台，即是从戚继光开始修建。敌台有两层、三层，可储存弹药武器外，并供守城士兵居住。

◎飞瀑清潭

◎四月芳菲

黑龙潭

位于密云县石城乡鹿皮关西北面的一条峡谷之中，景区由一条长约4000米的峡谷构成，幽谷中18个清潭潭潭相连，小潭不计其数，有步移景换之妙。游人进入黑龙潭自然风景区，便见两峰对峙，飞瀑高悬，其下的黑龙头潭幽深碧绿。自北攀梯而上，进入黑龙潭峡谷后，便可沿山边小路，逆水上溯，一路欣赏奇峰怪石，细数清潭处处。首先见到的是悬潭和沉潭，一上一下，错落有致；继之见通天瀑和落雁潭，溪水晶莹，水花飞溅。沿通天瀑旁的山路攀登，迷人洞后的平沙潭平稳如镜，潭底覆盖着厚厚的白沙。过"龙门口"，便进入黑龙的家门。滴水潭，众多的小瀑布群层层叠叠；三叠潭、三潭错落；苇潭，春季芦苇青翠娇嫩，秋季苇花飞扬；曲潭，蜿蜒曲折，转折有致；黑龙潭，潭水左旋右转，形成"龙转身"的奇景；涉无底潭边的溪水而过，转过山弯，便可到达源头——黑龙真潭。黑龙溪水从绿荫掩映的绝壁中飞奔而下，形成的圆潭幽深墨绿，神秘莫测。

景区附近的鹿皮关为明朝边城重要关隘，关口处山陡水湍，形势险要，同时也是一处抗日战争纪念地。

★游览指南：周六、周日早晨东直门有专车直达；平时可从东直门外乘长途汽车至密云，再换乘至四合堂的班车，或从西直门火车站乘京通线火车石塘站下车。电话：69950028。票价：20元。

◎黑龙潭

④城墙

长城的城墙呈梯形，下大上小。墙基约6.5米宽，墙顶则为5.8米，是为确保长城的稳定性；而城墙内部较低，墙外较高，乃为有效防止敌人来袭。地势平缓的地方城墙较高，地势若陡峭则城墙较低，居庸关八达岭长城这一段的城墙平均高约七八米。

在墙身里侧的一面，相距没多远即建有一处用砖或石砌的圆形拱门，称之为"券门"。

⑤烽火台

烽火台是一个独立的高台子，台子上有燃放烟火的设备及守望室，白天燃烟，夜间放火。古时见敌人百余个以内放一烽一炮，千人以上三烽三炮，五千人以上四烽四炮，万人以上则五烽五炮。

这种利用烟气、烽火传递军情的烽火台有多种称谓，如狼烟台、墩台和烽台、烽堠、烽燧、烟墩、亭及燧等，是防御系统中重要的一环。

京都第一瀑

位于密云县石城乡,密云水库西北,距市区约98公里。原名柳棵峪瀑布。云蒙山上的山泉汇集于峡谷之中,终年不断,飞泻而下,形成华北最大的瀑布。瀑下形成深不可测的大潭,名天池。进入景区未见瀑布先闻其声,轰鸣之声不绝于耳,犹如万马奔腾。整个景区内还有高峡平湖、望鹳台、悬空潭、幽燕古道、溅玉瀑、六潭连等景点。

★游览指南:乘车路线与往黑龙潭相同。电话:69950028。票价:20元。

金山岭长城／司马台长城

气势磅礴的金山岭长城位于密云县与河北省滦平县交界处,距北京市区约100多公里。这段长城建于明隆庆四年(1570年),西起龙峪口,东至司马台,全长约10公里,沿线山势雄伟。林海茫茫,67座敌楼形式各异,建筑复杂,工艺精致高超,还有瞭望楼和别处长城罕见的库房楼,在建筑艺术和军事上皆具研究价值。

◎司马台长城

金山岭长城东端的司马台长城以奇、特、险著称,为明代长城建筑艺术的又一代表地段,已被联合国教科文组织确定为"原始长城"。明代著名将领戚继光曾在此督建长城,镇守边关。这段长城依山而建,以司马台水库为界分为东西两段。林立的敌台以仙女楼和望京楼最为闻名,前者传说为仙女在云雾缭绕时玩耍之处,后者位于陡峭的最高峰,居高临下,晴空之下可远眺北京城。此处甚为摄影爱好者所偏好。

★游览指南:周六晨在北京北站乘439次火车至古北口下转小公共前往。票价:10元。

◎望京楼

◎长城秋色

京都古韵

北京作为我国元、明、清三个封建王朝的政治中心，整个城市都浸润着皇城的威严，以故宫为代表的皇家宫殿园林建筑极尽宏伟，象征皇权的至高无上。可是红墙内外，天地迥异，宫廷内的改朝换代、勾心斗角并未影响老百姓的日常生活。北京的胡同、四合院里，一代又一代普通市民平凡而快乐地生活着，

◎胡同游准备出发

◎紫禁城内的时装表演

这种悠闲的气质使北京城在威严雄伟的帝王气派之外又蓄积了小老百姓的幽默平易。走进胡同、四合院，在茶馆听听评书、京戏，逛逛热闹的庙会，尝尝可口的小吃……您对北京将更多一层了解，您的北京之旅也会更多一丝情趣。

胡 同

　　城市的小巷在北京叫胡同，在上海则叫"弄"。但上海的弄堂纵横交错呈辐射状，北京的胡同却与街道一样多为横平竖直。

　　据考证，"胡同"在文献记载中多写为"衖衕"，首见于元代作品。亦有人认为胡同是蒙古语"浩特"的音译，为居民聚集之意。

　　元代大都城的建立为北京今天的市区结构奠定了基础。意大利人马可·波罗来到大都，在游记中描述"大都城内街笔直，城门相望，街两旁是房屋商店，全城街道规划整齐，犹如棋盘……"明代的京师是现在市区的前身，内城是北京城的心脏，城内的中轴线将内城分为东西两部分，在东西部又各自形成一条与中轴线平行的南北大街。这两条大街主宰了城内街巷以南北走向为主的趋势，横向街巷都从主干上派生。清代的城垣和街巷沿袭明制，直至今日城市街巷的总布局仍未有大的变化。

◎最后一个"过街楼"（现已拆）

◎门前石鼓

　　北京的胡同特别多，一说是因为人口稠密聚集，小巷错落各地；另有一说是因为古时官臣只要骑马坐轿出门，就得开路清道，行人必须回避，有时来得匆促而路人闪躲不及时，只要往胡同一避即可，此乃

◎坐车串胡同

胡同之妙用，但是否牵强附会则不得而知。

　　据说北京城内星罗棋布的胡同有6000条之多，很多胡同名称从元代经明清两代一直沿用至今。名称包罗万象，有山川井泉、花草树木、宫坛寺

◎胡同一景

◎雪天逛胡同

北京胡同之最

现今最长的胡同之一：
东西交民巷，全长3公里。
最短的胡同之一：
一尺大街，仅长25.23米，
现已并到杨梅竹斜街。
现今最窄的胡同之一：
小喇叭胡同，北口尚不足
0.6米。
现今最宽的胡同之一：
灵境胡同，最宽处达32.18
米。
现今拐弯最多的胡同之一：
九湾胡同。
现存最古老的胡同之一：
元朝就有的砖塔胡同。
仅存的胡同过街楼：
儒福里的观音院过街楼。
仅存的胡同琉璃牌坊：
神路街北的东岳庙牌坊。
现存的胡同木牌楼：
国子监街东口成贤街牌楼。
尚存的胡同拱门砖雕：
东棉花胡同15号院内的拱
门砖雕。

庙、景物民情等等。但大多数与老百姓的生活息息相关。既然寻常人家开门就有"柴米油盐酱醋茶"七件事，所以北京就有了柴棒胡同、米市胡同、油坊胡同、盐店胡同、酱坊胡同、醋章胡同和茶儿胡同；既然人们常用金、银、铜、铁、锡这五种金属，于是就又有了金丝胡同、银丝胡同、铜铁厂胡同、铁门胡同 和锡拉胡同。以小吃命名的胡同有：麻花胡同、烧饼胡同、面茶胡同、油炸鬼胡同等；日常用具砂锅、银碗、灯草、挖耳勺也皆成胡同名；至于马市大街、羊市大街、果子市、磁器口等一望而知曾经是贸易繁华之处。京中的胡同名称重复亦多，口袋胡同、扁担胡同、井儿胡同、苏州胡同，到处都是，与王麻子、乐家老铺一样多，令初来乍到之人分不清东西南北。

大约给胡同命名的都是没什么学问的平头百姓，有些名称在今天听来实在不雅，于是有人想出"拉香盖臭"的办法，如臭皮胡同改成寿比胡同、鸡鸭市改为集雅市、屎克螂胡同改成时刻亮胡同，等等。

如果说游故宫、颐和园是目睹古代帝王的生活遗迹，那么串胡同则是参观展示普通百姓生活的风情博物馆。因为北京的胡同不仅是城市的脉络、交通的衢道、更是历史的载体。清一色的灰墙灰瓦，清一色的狭长窄巷，看似千篇一律、单调平凡，但当你走入幽深曲折的胡同，抚摸灰色的砖墙、凝视雕刻精美的门楼门墩，轻嗅探出墙外的瑟瑟槐香时，你会为这种难得的体验而着迷。

◎遛鸟

四合院

◎四合院讲究坐北朝南

幽深的胡同实际是由两旁相连的院墙围成的,墙面里边就是北京人的传统住宅"四合院"。昔日的京城,阶层的差距由住房上就一目了然：皇帝老子住的是黄琉璃瓦的紫禁城,王公们住的是绿琉璃瓦的王府,小康人家多住四合院,劳动人民则住在大杂院。

◎老北京习俗——听鸟音

四合院一般的布局是在东南西北四面建房,中间围出一个院子,院子的外墙除大门外,没有窗户或通道与胡同相连,关上大门,就是一个宁静、封闭的小天地。与南方民宅院落小巧不同,北京四合院院落宽敞疏朗,四面房屋相对独立,讲究的彼此间有游廊相连,既可躲避风雨,又可供人小憩,实在是一举两得。

北京人讲究坐北朝南,四合院亦多为坐北朝南而建,院门都开在东南角,门内迎面建影壁,似抱琵琶半遮面,很有中国特色。院内房子有正房、厢房、耳房之分,按照尊卑长幼各有居。除了正房必须朝南,还有个"左厨右厕"的老规矩。

四合院有大、中、小之分,高级的四合院分"进",每一"四合"着的院子就叫一"进", 院子可从南向北层层递进,一进连着一进。北京四合院以三"进"的居多,二"进"的也有 , 四"进"以上较少。

◎老人与老屋

◎天伦之乐

有钱人家的四合院都宽绰疏朗，院内还种树栽花，饲鸟养鱼，叠石造景。老北京有句俗语："天棚鱼缸石榴树，先生肥狗胖丫头"，讲的就是四合院的独特风景。天棚是遮阳挡雨之用。鱼缸多养龙晴鱼，为静寂的院落增添生趣。石榴树因寓意"多子"深受北京人喜爱。先生专指帐房先生。肥狗胖丫头则象征主人家富裕安闲。

时代在变，昔日的四合院已逐渐为高楼大厦所取代，北京二环路内依旧保存着较为完整的两片四合院区，在那里还可觅得一股怀旧之情。

◎小院人家

◎皇城根下早市忙

◎梅兰芳故居

王　府

◎和亲王府门前石狮

在皇城之外，星星点点散布着众多覆盖着绿色琉璃瓦的建筑，那就是皇上敕建的王爷府第。清朝的王府基本上都设在内城，一来给各位王爷以地位殊荣之感，二来朝廷便于管理。皇帝让这些昔日开国功臣及后代们收起他们的"鸿鹄之志"，在那深邃静谧的王府里了此一生。

昔日王府的规模宏大、富丽堂皇。清代北京的王公府第建制有着严格的规定，不同爵位居住不同等级的府第，虽非千篇一律，却不得随意逾制。王府亦可看成是四合院的连缀和组合，但有许多特别之处，又不符合一般四合院的规范。如王府大门的位置不在东南方的"巽"位上，而在中轴线的南端；东西厢房可建成庑殿，等级高的还可建成二层楼，正房即是王府中的银安殿；台阶建成汉白玉陛，硬山顶可建成悬山顶；庭院甬路上可陈设铜鼎等等。这些内容，是在一般四合院绝对看不到的。

当初第一代老王爷们雄心勃勃，征战于马背，驰骋于沙场，一旦江山打下，都过起养尊处优无所事事的生活。而他们的后代更是不劳而获，追求享乐，这个曾经是雄武剽悍、马上征战天下的民族，最后倒涌现无数不成器的八旗弟子。

◎王府井的"井"

北京的清代王府原有数十处，无论从建筑风格、文物价值、旅游景观等方面都有其独特之处。然而现在却不为人们所重视，有的已全部拆毁，有的面目全非。整修开放的屈指可数：原醇王北府花园，现以"宋庆龄故居"开放；原恭王府前附属院落，现以"郭沫若故居"开放；真正作为原王府开放的，仅恭王府花园一处而已，有兴趣的游客不可错过。

◎郭沫若故居原为恭王府的一部分

京 剧

到北京观光，如不听一两场京戏，实在有些可惜。外行看热闹，内行看门道，京腔京韵自有其超越时空的奇妙魅力。

京剧自乾隆五十五年（公元1790年）徽班进京后逐渐形成，至今已有200多年的历史了。京剧融汇了各地戏剧艺术精华，形成演唱、音乐、舞蹈、武术、杂技浑然一体的综合性舞台艺术。它的表演程式规范十分严谨，强调唱、念、作、打的功夫。

◎老票友

◎老戏迷

在北京的习惯中，演京剧叫"唱戏"，看京剧叫"听戏"，足见"唱"在京剧中的地位。现在的京剧唱腔，主要是在徽（安徽）汉（武汉）两调的西皮、二黄曲腔的基础上，发展变化形成的"板腔体"。所以早先把京剧称为皮黄戏。对于青年人来说，京剧的

◎湖广会馆

◎梨园新蕾

念白简直是个谜，其实，它的语音是把湖广音、中州音与北京音融合在一起了。从而创造出了京白韵白兼用、"尖团上口字分明"、四声韵律严整的唱念方法。

京剧的表演行当，分生、旦、净、丑。至于它们各有什么特色，观众一看便知，这种夸张的艺术表现，就是俗语里说的"脸谱化"。

20世纪的20年代末和30年代初，是京剧的兴盛时期，倍受人们赞誉的"四大名旦"、"四大须生"，正是这个时期涌现的。"四大名旦"是梅兰芳、程砚秋、荀慧生、尚小云，"四大须生"是马连良、谭富英、杨宝森、奚啸伯。

80年代，传统艺术虽然受到现代文化的挑战，但是，在京剧舞台上，各流派的传人依然受到人们的尊敬。

京剧早期只是在酒馆、茶园里演唱。随着京剧的发展，京剧舞台逐渐固定在戏院、剧场。目前北京有很多演出京剧的戏院、剧场。如人民剧院、广和剧场、吉祥戏院、中和戏院等等，有兴趣的客人在此可以充分欣赏到京剧的各个流派的演唱及表演艺术。

◎京剧脸谱——生、旦、净、丑

牌　坊

　　牌坊也叫牌楼，古代叫"绰楔"，是一种门洞式的纪念性建筑。既可作为增加主体建筑气势的装饰性建筑，也用于表彰、纪念某人或某事，同时还作为划分街巷区域的标志。牌坊在老北京城的街头和宫苑中到处可见。它有木、石、雕砖及琉璃砖结构，形式上可分为"冲天式"（牌楼间柱高出明楼楼顶）与"不出头式"（牌楼的最高峰是明楼的正脊），宫苑之内多为不出头式牌坊，而街道上的牌楼则大多为冲天式。

◎颐和园入口的大牌楼

　　由于朽毁和城建拆除等原因，目前北京的牌坊已所剩不多，幸存的都是有价值的历史文物和古建筑珍品。在风景区或古迹群内，牌坊只是陪体建筑，但能起到画龙点睛的作用。比如游人参观十三陵时，经过长途跋涉，远远望见石牌坊，都分外喜悦："十三陵到了！"而当人们步入成贤街时，马上感觉由现代都市进入古色古香的街巷之中，其原因除了古门道、下马石、拴马桩等的点缀之外，几座牌坊的韵味也令人回味。许多牌坊还是当初历史风云事件的见证者，如东长安街牌坊和东单牌坊就曾"目睹"了火烧赵家楼的壮举及沈崇受辱的事件等。

　　每处古迹都有自己的特殊意义，每一座牌坊都有自己的故事，这些还是留给读者们亲临一游时细细品味吧！

◎十三陵牌坊

茶 馆

但凡读过老舍先生的名著《茶馆》的人，一定会对老北京的茶馆留下深刻印象。

早年京城的茶馆有清、书、酒、野四类之分。清茶馆环境幽雅，来者都是清茶一杯，茶客有遛鸟归来的公子哥儿，有遛早归来的老者，有人在休息闲聊，有人正商谈生意。书茶馆里是一边听书一边喝茶，说书人绘声绘色地说书，还有卖花生瓜子的，气氛十分热闹。茶酒馆顾名思义，除了茶水之外还有酒菜佳肴供应，颇能吸引一些贪图口福的富家子弟。野茶馆多指近郊游憩之所的茶馆，桌椅茶具都十分简陋，茶水也无"龙井"、"毛尖"之类的讲究，有的是醇郁醉人

◎茶馆小跑堂

北京茶园戏楼一览

天桥乐茶园
价位：330 元（含餐饮）
地址：宣武区天桥市场113号
电话：63040617

正艺祠戏楼
价位：50 元～150 元
地址：宣武区西河沿大街220 号
电话：63189454

老舍茶馆
价位：40～130 元不等
地址：前门西大街3 号楼
电话：63036830

◎茶乃北京人的雅好

◎茶文化源远流长

的乡村野趣。还有一种更简陋的小茶摊，几把茶壶，几张小桌，专为过往客人服务，名字十分有趣，叫"雨来散"。

现在位于前门西大街的老舍茶馆是一座仿古茶馆，由老舍先生的夫人胡洁青题写店名。茶馆环境别致，茶具清洁，古香古色，墙壁挂有名人字画，内设仿古硬木家具，服务人员身着古装、提着铜壶为客人添茶倒水。客人亦可随意要些小果碟，晚间还可欣赏精彩的京剧、曲艺表演。

老舍茶馆主要面对中外游客，收费较高。其实北京街头还有一些以当地顾客为主的茶馆，在那里更有贴近百姓生活的原汁原味。如龙潭湖畔的柳荷轩茶馆，风景秀丽，收费低廉，是老年人消遣的好去处。在此

喝茶、嗑瓜子、吃花生的同时还可欣赏到名角、名票的京剧清唱、彩唱。茶客若有兴趣还可上台跟着胡琴来段清唱，十足过瘾。

恭王府戏楼
价位：白天 60 元～80 元
晚上 80～120 元
地址：恭王府花园内
电话：66189561

梨园剧场
价位：20～150 元
地址：前门饭店内
电话：63016688-8860

湖广会馆
价位：20～120 元
地址：宣武区虎坊路3号
电话：63518284

大观园戏楼
价位：80～120 元
地址：大观园公园内
电话：63518879

长安大戏院
价位：60～800 元不等
地址：建国门内大街7号
电话：65101155

◎坐无虚席

◎老舍茶馆

庙 会

◎街头彩唱

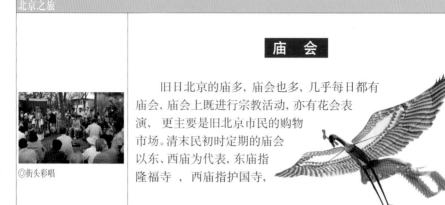

旧日北京的庙多，庙会也多，几乎每日都有庙会，庙会上既进行宗教活动，亦有花会表演，更主要是旧北京市民的购物市场。清末民初时定期的庙会以东、西庙为代表，东庙指隆福寺，西庙指护国寺，

◎风筝

此外还有白塔寺、蟠桃宫、东岳庙等。而规模最大的则是每年一度的春节厂甸庙会。庙会上那一米多长的糖葫芦，那嘎嘎作响的各式风车、

◎老外逛庙会

◎唱大鼓的塑像

多姿多彩的大小风筝、怪模怪样的鬼脸具，以及各色小吃……至今仍让老一辈北京人念念不忘。当年的江湖艺人也云集于此，唱小戏、说相声、玩杂耍……为了艰难的生活卖力地表演自己的技艺。

◎快板

近年来北京在春节期间恢复了一些典型的庙会活动，历史

悠久的龙潭庙会、地坛庙会、白云观庙会、雍和宫大法会等吸引了大量的游人。庙会以民俗文艺表演为主，兼有传统风味食品出售，展现了老北京的生活风俗。小吃中很多都是断档多年的北京风味食品、如扒糕、煎焖子、八宝茶汤等。民间花会有耍狮子、踩高跷、小车会、旱船等，技艺中有耍中幡、拉洋片、双簧等，规模盛大，热闹非凡，一定令初来乍游者大开眼界，勾起人们对旧日的联想。

◎老天桥杂技——赛活驴

白云观庙会习俗

①会神仙：正月十九日为丘真人生日，传说这天真人下界，与凡人结缘，但真人以"法相"出现，凡人不识真面目。这天叫"筵九""烟九""淹九"等名目，俗称会神仙。

②顺星：正月初八诸神下界，善男信女在元辰殿找自己的神宿牌位型像，叫顺星，主一年顺利，故该殿亦叫顺星殿。

③打金钱眼：这是庙会期间天天有的活动。山门里的一座单拱石桥名窝风桥，桥下坐一年长道士，涵洞口挂悬一个一尺多直径的大木钱，涂以金漆，孔中挂一铜铃。游人用硬币击钱孔，中者如意。

④摸石猴：山门的券门雕有汉白玉浮雕，花纹中雕有一个十来厘米的小猴，游人找到，摸一摸，可去病延年。白云观内其他处浮雕还有小猴。

⑤栓娃娃：这是送子娘娘的"专利"，传说：不孕妇女来此殿，"请"一个娃娃，就能得子，而且不生病，不出天花，顺利生产。

◎摔跤

老街老字号

北京老商业街首推大栅栏（方言发音为"大沙烂儿"）。明代时这里已有店铺，是一条已有400多年历史的古老商业街。清代以后这里更产生了一批独具特色的老字号店铺，如同仁堂、内联升、瑞蚨祥、马聚源、张一元等。大栅栏也是一条文

◎清代店铺多喜挂武财神关公像

北京土特产和工艺品

土产：京白梨、山楂、核桃、盖柿、密云小枣、良乡板栗、杏。

特产：王麻子刀剪、安宫牛黄丸、乌鸡白凤丸、北京虎骨酒、秋梨膏、北京酥糖、果脯蜜饯、茯苓夹饼、六必居酱菜。

工艺品：景泰蓝、牙雕、玉器、雕漆、地毯、花丝镶嵌、面人、泥人、绢人、脸谱、剪纸、鼻烟壶、宫灯。

化娱乐街，解放前的广德楼戏园、庆乐园、大亨茶园等现在分别为前门小剧场、北京杂技团演出场地和大观楼影院。

位于和平门外的琉璃厂则是一条世界瞩目的中国传统文化街。琉璃厂，又名厂甸，辽代这一带是辽南京城东郊的海王村。元、明、清初期，琉璃厂是烧制琉璃瓦的场所，后来逐渐形成古玩和旧书集市。清代全国读书人进

◎老街老店老人

◎景泰蓝

◎清代杂货店柜台

京赶考，往往来这里淘书觅宝，琉璃厂名噪一时，成了书商、学者、读书人集中的文化商业街区。这里沿街有经销古玩、字画、古旧书籍、文房四宝的商店有100多家，每天吸引大量的海内外顾客前来观光淘金，摊主漫天要钱，您可就地还价，关键是要识货。

北京著名的老街还有前门大街、西单、东四隆福寺、钟鼓楼前和王府井等，徜徉于老街、老字号之间，可以感到北京浓烈的传统文化气息。

同仁堂——位于前门外大栅栏内，是一个有300多年历史的老中药店，在国内外有很高的声誉，清朝曾为宫中制药。在同仁堂的几百种中成药中，以"十大王牌"最负盛名。它们是安宫牛黄丸、稣合香丸、人参再造丸、安神赞育丸、乌鸡白凤丸、局方至宝丹、紫雪散、大活络丹、参茸卫生丸、女金丹。如果再加上牛黄清心丸、十香返魂丹和虎骨酒，也有称"十三太保"的。

鹤年堂——位于菜市口，创建于明代嘉靖末年。据说当年监斩官就坐在药铺门前的过道中，犯人家属要

◎大栅栏夜景

购物注意事项

①北京的商业区营业时间是有季节性的，春季到秋季是上午8:30到下午20:00，冬季是上午9:00到下午19:00，大的购物中心通常会延迟到21:00。

②在人流拥挤的繁华地区要注意看管自己随身携带的财物。

③在个体摊贩上购买商品要注意讨价还价，最好多问几家，摸清行情，再做交易。特别在购买古玩字画时要细心鉴别真伪，以免上当。

④外地游客在购买大型、易碎的纪念品时应考虑携带是否方便。

◎北京市百货大楼

◎年年有余

北京主要休闲购物区

东北三环地区

拥有燕莎友谊商城、燕莎望京购物中心、家乐福购物中心等大型高档购物休闲场所，昆仑购物中心等大饭店附设商场也颇有特色。

双榆树地区

新建大型商城与原有商业基础相结合，较高的人口素质与相应的消费能力相结合，使此地段购物势头正旺。不仅拥有当代商城、双安商场的高档优雅环境、先进的客户电脑网络管理系统，中友商场、友谊宾馆商场的群落优势，而且还有利客隆平价超市、双榆树副食商店和大量路边摊挡，各种消费档次的顾客均会满载而归。

买通刽子手，希望行刑时"痛快"些，一旦犯人头腔中血流喷溅，刽子手马上用馒头把脖子塞住然后鹤年堂就用这人血馒头制药。该店以汤剂饮片的加工细制、选料精良见长。北京民间早年曾流传这样一句话："要吃丸散膏丹，请到同仁堂；要吃汤剂饮片，请到鹤年堂 。"说明鹤年堂也是一家很有名气的老药店。

长春堂——位于前门大街。最初以经营避瘟散为主，现有全国各地研制的新中成药，凡水剂、片剂、丸散膏丹，一应俱全。

瑞蚨祥——瑞蚨祥绸布店坐落在前门外大栅栏路北，开业于1870年。现经营精纺呢绒、 绸缎、人造丝、化纤等布料。

◎古董地毯

内联升——是北京城内著名的鞋店。位于前门外大栅栏，以经营各种布鞋为主，如松紧口、 圆口布鞋、平绒海元软皮底女鞋，礼服呢尖口皮底女便鞋等。

◎"全聚德"名扬中外

同升和——以经营男女皮鞋为主，做工精良，设计新颖，经久耐穿，驰名中外。

盛锡福——盛锡福帽店位于王府井大街。经营各种高中低档帽子。如

◎西单文化广场

高档皮帽、呢帽、涤卡帽、风雪帽、童帽等。兼营皮包、狐皮围巾、手套、拖鞋等。

双合盛——双合盛是我国兴建的第一家啤酒厂，1915年开办，后改为北京五星啤酒厂。该产品多次获奖，产量逐年上升。

◎杨柳青年画

◎"六必居"匾额据说为严嵩所题

六必居——前门外粮食店，是一家具有500多年历史的酱菜老店，为了适应现代的生活口味，于1984年在南苑槐房建六必居厂房，引进日本现代化流水线。

通三益——是以产秋梨膏而著称的老店，已有170多年的历史，在前门大街东侧。

月盛斋——是一座已有200多年历史的老店铺，以其浓烈

◎荣宝斋

扑香的酱牛羊肉名噪京师，坐落在前门西侧。

荣宝斋——位于宣武区琉璃厂西街19号，是一家具有300多年历史的老店。经营笔、墨、纸、砚等文房用品以及历代名人字画。其复制旧字画的木版水印技术能达到以假乱真的程度。

万顺号——万顺号的名字不太响亮，可王麻子刀剪铺却是大名远扬。北京的刀剪铺都自称"王麻子"，但万顺号才是正宗。

◎购买字画要善辨真伪

建外大街

这里由最早的友谊商店，发展成今日拥有赛特购物中心、贵友商场、国贸中心等商场的高档购物区，其区位优势显而易见。极具特色的秀水街市场赢得"蓝领"、"白领"的共同青睐。这里饮食交通的方便和使馆区的优雅环境均独一无二。

东单至东四

号称北京"贵族街"的银街荟萃了大量名牌服饰专卖店，格调与品位均不低，显示了匠心独运的街区文化。此外还有利兹·简购物中心和隆福大厦等。

◎王府井街景

王府井与前门

　　传统的商业区。王府井大街不仅有百货大楼、东安市场、世都百货等大中型商厦，也有一批颇有特色的专卖店。大栅栏的步瀛斋、内联升、瑞蚨祥等老字号对市民仍极具吸引力。

西单地区

　　华威大厦、西单赛特的购物商业中心与娱乐场所在双休日里人如潮涌。西单商场的优良商业作风令人信赖，其它百货商店、专卖店的商品价格也具弹性。

复兴门至公主坟

　　从百盛购物中心、长安商场、复兴商业城到城乡贸易中心，集中了大批大中型商业机构，通过地铁连成一线，交通极为便利。

北京部分大型商场

商场	地址	电话
西单商场	地址：西城区西单北大街120号	电话：66056531
北京百货大楼	地址：王府井大街255号	电话：65126677
北京城乡贸易中心	地址：海淀区复兴路甲23号	电话：68296595
贵友大厦	地址：朝阳区建国门外大街甲5号	电话：65011172
燕莎友谊商城	地址：朝阳区亮马桥路52号	电话：64651188
西单购物中心	地址：西单北大街132号	电话：66024695
长安商场	地址：西城区复兴门外大街15号	电话：68524146
赛特购物中心	地址：朝阳区建外大街22号	电话：65124488
菜市口百货商场	地址：骡马市大街255号	电话：63033128
百盛购物中心	地址：西城区复兴门内大街101号	电话：66013377
复兴商业城	地址：西城区复兴门外大街4号楼	电话：68562107
金伦大厦	地址：崇文区崇文门外大街40号	电话：67116677
蓝岛大厦	地址：朝阳区朝外大街8号	电话：65044422
地安门商场	地址：西城区地安门大街31号	电话：64041336
国华商场	地址：宣武门西大街18号楼	电话：63022531
天桥百货商场	地址：永定门内大街1号	电话：63043077
世都百货	地址：王府井大街99号	电话：65267890
老福爷百货商场	地址：东安门大街19号	电话：65262416
海文王府井百货	地址：朝阳区东三环路13号	电话：67761199
友谊商店	地址：建国门外大街17号	电话：65003311
西直门外百货商场	地址：西直门外大街88号	电话：68356075
华奥商厦	地址：海淀区海淀大街27号	电话：62570003
隆福大厦	地址：东城区隆福寺街95号	电话：64013111
天元购物中心	地址：和平里中街17号	电话：64278343
天元发展总公司商业大楼	地址：东四北大街528号	电话：64019335
当代商城	地址：海淀区海淀路130号	电话：62576688
星座商厦	地址：石景山区石景山路45号	电话：68871268
朝阳商业大楼	地址：西坝河中里34号楼	电话：64661561
方庄购物中心	地址：丰台区蒲芳路24号	电话：67641280
新汇百货公司	地址：前门大街109号	电话：63040139
北辰购物中心	地址：安外安立路8号	电话：64993263
北京丝绸商店	地址：前门珠宝市5号	电话：63016658
前门妇女服装店	地址：大栅栏街1号	电话：63037020

◎新东安市场

风味名吃

作为几个世纪中国的政治、经济、文化的中心，北京既云集了各地之名肴，又有本地之小吃，其品种之多，风味之妙，千万不可错过。在北京旅游观光，不仅要大饱眼福，也要大饱口福。

北京地方风味食品以烤鸭和涮羊肉最为闻名。烤鸭分焖炉和挂炉两种，便宜坊以焖炉出名，全聚德以挂炉出名。论资历，始于清咸丰年间的便宜坊较创业于同治三年(1864年)的全聚德早；论规模和影响，则以全聚德为最。烤鸭以世界知名的优良鸭种——北京填鸭为原料，经过宰杀、褪毛、取内脏、洗净、灌水、吹鼓、涂料等工序，才可入炉烤制。烤熟后每只鸭要切成120片左右上桌，而且要求片片带皮带肉，肥瘦相间，这一过程称为"片鸭"。北京烤鸭金黄油亮，肉嫩可口，吃法也十分讲究，用薄软的荷叶饼或空心烧饼抹上甜面酱，加上葱段、黄瓜条，放入烤鸭卷好，便可美美享用。随后还有鲜美的鸭架汤上桌，饮后回味无穷。

◎不吃烤鸭真遗憾

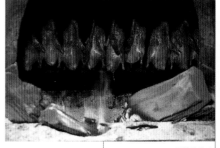

◎挂炉烤鸭

涮羊肉的历史亦十分悠久，据说是由北方游牧民族传来。当年乾隆在宫内设"千叟宴"，主菜就是涮羊肉，此宴用火锅多达1550多个，可见规模之大。现在经营涮羊肉的众多店铺之中以始于1914年的东来顺最为著名，该店选料精、加工细、佐料全、火力旺的四大特点远近闻名。涮羊肉选料以内蒙古西乌珠穆沁旗之阉割绵羊为最佳，每只羊宜重40斤～50斤，取其上脑、大小三岔、磨裆、黄瓜条

◎涮羊肉

等部位之肉，每斤肉切出1寸宽、4寸长之片约80片。当火锅滚开后，将羊肉在汤中一"涮"，便可蘸上佐料入口。涮羊肉所用的佐料是由芝麻油、酱油、腐乳汁、辣椒油、香菜、韭菜花等组成，可随个人口味随意添加，同时可佐以粉丝、白菜、冻豆腐、糖蒜等清口之物。

历代宫廷膳房的菜肴，南北荟萃，集海内名菜之大成，如今比较完整流传下来的宫廷菜，只有清宫菜。宫廷菜肴制作精细、软嫩清鲜，具有色、香、味、形、器五美俱全的特点。为了迎合皇帝、后妃们的爱好，宫廷菜多以"龙"、"凤"或喜庆字眼命名。如"龙凤呈祥"、"凤凰卧雪"、"洪福万年"等。有些是由不同的四个菜组成一个喜庆词，如"迎喜多福"、"万年如意"等。最为著名的满汉全席是在典礼上吃的，其规模之盛大，场面之豪华，餐具之奢侈，礼节之繁缛，烹饪技术之高超，都达到前所未有的程度，据说要吃三天六顿才算结束。这全

◎"御膳"气派非同一般

席的核心部分是"山八珍"、"海八珍"、"草八珍"、"禽八珍"，四个"八"一共32道菜，艰难不仅在制作上，更难在原料的寻找上。如今北京北海公园中的仿膳饭庄还有此席，可惜一般人都没有时间也没有肚子吃个遍，只能略尝几样过过瘾而已。

◎仿膳饭庄的宫廷小点

除了正餐大吃之外，北京城种类繁多的小吃也别具精彩。在过去除少量店铺出售外，大部分是由小贩们肩挑手推，沿街叫卖，构成一幅独特的市井风情画。如今北京开设了许多小吃店、小吃一条街，深受大家欢迎，游客一定要挤出时间逛一逛，尝一尝，保证尽兴而归，大开眼界，其乐无穷。

◎清代《卖浆图》

◎春卷

1.火锅类

此类皆为熟食品，且以热吃为宜，售卖时离不开火炉。

豆汁：这是一种典型的北京食品，外地人喝不惯，老北京却吃得津津有味。它是用做绿豆粉或团粉的粉浆，经过发酵而成。食用前，用锅煮沸，喝时有一种特殊的酸味。

炸豆腐、炸丸子：炸豆腐也叫炸豆腐泡，炸丸子是一种素丸子，用粉条、萝卜丝、豆面、团粉等混合后，油炸而成。售卖时与炸豆腐泡在一起，放在锅里煮，并在锅内加入花椒、大料、桂皮等佐料。食用时，盛到碗里再加上香菜、辣油、芝麻酱等。

豆腐脑、老豆腐：豆腐脑是一种极嫩的豆腐，用一把扁平的勺子盛到碗里，然后加卤。卤是由黄花、木耳、口蘑、肉丝加

◎包饺子

团粉熬成，有回、汉之分。食用时，再根据不同口味加蒜汁和辣油。老豆腐和豆腐脑极相似，只是比较"老"一些，靠锅底部分呈面筋状，吃起来"筋道"。所不同的是，老豆腐不浇卤、而加酱油、芝麻酱、酱豆腐汁、卤虾油、韭菜花、辣椒油等。

面茶：其实与"茶"无关。是用小米粉和秫子粉熬成的一种较稠的粥。售卖时盛在碗里，再加一层芝麻酱和少许花椒盐。以前卖面茶的是推一个双轮车，车的一侧有一条长板，

◎进御膳有乐伴奏

◎雕梁画栋的食府

◎满汉全席

当台子，车上是炭火大锅，锅里是面茶。锅盖是半圆的，上面有个芝麻罐子和花椒盐瓶子。将面茶盛在碗里，顺手用筷子蘸着用油调稀了的芝麻酱，往碗里撩，撩满一层为止，再撒上花椒盐。这是一种早点食品。

火锅类的食品还有很多，如大麦粥、小豆粥、杏仁茶、豆浆、炒肝、馄饨、羊杂碎、爆肚等。

2.油炸类

这类食品种类很多，有甜、有咸、有凉、有热、有酥、有脆。出售这类食品，都离不开一口滚烫的油锅，因此都是固定设摊。

包括炸饹饸合、薄脆、焦圈、炸糕、油条、麻花、春卷等。

3.油煎类

这类食品是用少量的油将食品煎熟，吃起来有焦有嫩、颇有风味。

灌肠:其实不是肠，而是用淀粉和红菊做成的像腊肠样的东西，切成薄片，放在倾斜的平底锅里用猪油煎焦，吃时加蒜汁盐水，最后用竹签子叉着吃。

焖子:也是用团粉做的，质软、透明，既像凉粉，又像豆腐，也是切成小片，放在平底锅里煎，只用素油，因出售者以回民居多。煎后加蒜汁、酱油、芝麻酱等，出售的形式与灌肠相同。

油煎类还有馅饼、锅贴、火烧等。

◎阿凡提餐厅

4.烘烤类

这类食品经过烘烤，都较坚硬，是小吃中的主食。

硬面饽饽 也叫"墩饽饽"，是用发面做成的一种点心，稍加一点糖，焙烘后很硬，故叫硬面饽饽。

烤白薯：外地也有，可是据说北京的最好。吃起来味道固然差不多，可是在北京吃烤白薯，却另有风味。

烘烤类的小吃，还有锅饼、烧饼、螺丝转、牛舌饼、煎饼等。

◎吃在中国

5.甜食类

北京的甜食小吃虽然比不上南方多，但是有一些品种是颇具地方风味的。

爱窝窝：形状像大元宵，做法是，先将江米蒸熟，揉成圆团，再把由白糖、芝麻、山楂、豆沙等做成的馅包在里面，外皮上再滚些干熟米粉即成。

◎吃的环境亦讲"传统"

◎豌豆黄

豌豆黄：将豌豆煮烂、去皮，加小枣成糊状，点以石膏，结成块，卖时现切，很好吃。

卖爱窝窝的一般有"驴打滚"同卖。驴打滚是用豌豆粉和黄豆粉(后来也有用江米粉的)混合蒸熟，再卷上豆沙馅即成，卖时切段。和爱窝窝摆在一起，黄白相间，令人赏心悦目，增加食欲。

在北京的街头小吃中，还有一种凉食类，如：凉粉、扒糕、莲子粥、杏仁豆腐、酸梅汤、红果酪(温补)和奶酪等。

◎原汁原味

北京部分美食名店一览

北京著名外国风味餐厅

马克西姆餐厅
特色：豪华正宗法式大菜
地址：崇文门西大街2号
电话：65121992

美尼姆斯餐厅
特色：中档法国风味菜肴
地址：崇文门西大街2号
电话：65122711

莫斯科餐厅
特色：正宗俄式大菜
地址：西直门外北京展览馆
电话：68354454

美国加州烤肉餐厅
特色：美国风味
地址：前门东大街16号
电话：65112017

萨拉伯尔酒家
特色：朝鲜风味
地址：亮马河大厦裙楼2层
电话：65016688-5118

虹亭日本料理
特色：日本风味
地址：宣武门西大街115号
电话：66020845

西贡苑
特色：越南风味
地址：凯莱大酒店内
电话：65158855-3355

泰国餐厅
特色：泰国风味
地址：丽都假日饭店内
电话：64376688-2899

路易斯安娜餐厅
特色：美餐
地址：希尔顿大酒店内
电话：64662288-7420

巴西烤肉店
特色：巴西风味
地址：复兴门内大街46号
电话：66056957

去四川屋
特色：日本风味
地址：和平门南新华街甲20号
电话：63177048

德国餐厅
特色：德国风味
地址：王府饭店地下二层
电话：65128899-7410

北京风味

和平门全聚德烤鸭店 地址：前门西大街14号楼 电话：63023062
前门全聚德烤鸭店 地址：前门大街32号 电话：67011379
海淀全聚德烤鸭店 地址：海淀区白石桥路37号 电话：68420527
京信全聚德烤鸭店 地址：东三环北路甲2号 电话：64660896
红莲全聚德烤鸭店 地址：广安门外红莲北里甲11号 电话：63263336
九花山全聚德烤鸭店 地址：海淀区半壁街南路甲1号 电话：68414440-205
劲松全聚德烤鸭店 地址：劲松八区826楼 电话：67711211
王府井全聚德烤鸭店 地址：帅府园13号 电话：65253310
正阳门全聚德烤鸭店 地址：东交民巷44号 电话：65122265
沙河全聚德烤鸭店 地址：昌平县巩华镇南大街 电话：69731390
怀柔全聚德烤鸭店 地址：怀柔县西大街33号 电话：69624789
太阳宫全聚德烤鸭店 地址：安定门外甘水桥甲1号 电话：64227429
畅春园全聚德烤鸭店 地址：海淀区西苑草场5号 电话：62553094
海淀长征全聚德烤鸭店 地址：海淀区海淀路17号 电话：62551544
鲜鱼口便宜坊烤鸭店 地址：前门外鲜鱼口内113号 电话：65112092
便宜坊西局烤鸭店 地址：崇文区天坛东里73号 电话：67020904
东来顺饭庄总店 地址：丰台区太平桥小区1号 电话：63487765
东来顺饭庄王府井分号 地址：王府井大街198号 电话：65139661
东来顺饭庄海淀分号 地址：海淀路双桥东一号 电话：62567624
砂锅居饭庄 地址：西四南大街60号 电话：66021126

宫廷风味

听鹂馆饭庄 地址：颐和园万寿山南侧 电话：62881955
听鹂馆饭庄分号 地址：北三环中路18号 电话：62043561
仿膳饭庄 地址：北海公园漪澜堂 电话：64011879
仿膳饭庄正阳门分号 地址：东交民巷37号 电话：65233106
仿膳饭庄东单分号 地址：崇文门内大街甲106号 电话：65226209
仿膳饭庄贡院分号 地址：东城区东总布胡同12号 电话：65233533

清真风味

西来顺饭庄 地址：阜成门内大街194号 电话：66015996
鸿宾楼饭庄 地址：西长安街82号 电话：66038460
海淀鸿宾楼饭庄 地址：海淀镇南大街93号 电话：62562543
丰台鸿宾楼饭庄 地址：丰管路3号 电话：63814161
鸿云楼饭庄 地址：呼家楼北街甲2号 电话：65063291
永丰楼饭庄 地址：前门南大街153号 电话：63030775
烤肉宛饭庄 地址：宣武门内大街102号 电话：66031700
鸿雁楼饭庄 地址：天桥南大街79号 电话：63012394
汇珍楼饭庄 地址：安定门外北辰东路8号 电话：64910260
穆斯林餐厅 地址：朝阳区工体北路8号 电话：65004608
紫光园餐馆 地址：朝阳区红庙北里85号 电话：65025745

山东风味

萃华楼饭庄 地址：王府井大街85号 电话：65254581
萃华楼饭庄分号 地址：安定门外东河沿乙3号楼 电话：64267795
都一处烧麦馆 地址：前门大街36号 电话：65112093
东兴楼饭庄 地址：东直门大街47号 电话：64044382
孔膳堂饭庄 地址：琉璃厂西街3号 电话：63030689
丰泽园饭庄 地址：珠市口西大街83号 电话：63186688
丰泽园饭庄南店 地址：永外刘家窑北里11号 电话：67611331

广东风味

大三元酒家　　　　　　地址：景山西街南口50号　电话：64018183
聚雅酒家　　　　　　　　地址：前门东正义路甲211号　电话：65113594
天天渔港　　　　　　　　地址：丰台区南三环中路甲73号　电话：67216039
百万庄园酒楼　　　　　　地址：西城区展览路28号　电话：68315058
香港美食城　　　　　　　地址：东安门大街18号　电话：65136668-3102
香港美食城海淀分号　　　地址：海淀南路丙31号　电话：62566308
香港美食城亮马河分号　　地址：东三环北路9号　电话：64667566
黎昌海鲜大酒楼　　　　　地址：西城区护国寺大街137号　电话：66182048
御香苑　　　　　　　　　地址：王府井大街2号　电话：65136666-2216
天宫酒家　　　　　　　　地址：前门正阳市场1号楼　电话：63035630
太上宫大酒楼　　　　　　地址：朝阳区安定路15号　电话：64914723
阿一鲍鱼酒家　　　　　　地址：建外甲1号金桥大厦首层　电话：65079256
东方明珠酒家　　　　　　地址：宣武区正阳市场4号楼　电话：63016668
顺峰渔村　　　　　　　　地址：东安门大街34号　电话：65245833
顺峰渔村　　　　　　　　地址：莲花池东路1号　电话：63402288-8128
顺峰海鲜世界　　　　　　地址：东三环北路16号　电话：65070554
顺峰海鲜酒楼　　　　　　地址：保利大厦内　电话：65001188-5425

四川风味

豆花饭庄　　　　　　　　地址：广渠门外大街27号　电话：67718392
蜀蓉豆花饭庄　　　　　　地址：方庄小区芳星园二区　电话：67639624
颐宾楼饭庄　　　　　　　地址：海淀路74号　电话：62554761
花竹餐厅　　　　　　　　地址：前门东大街2号　电话：65122708
成都白帝城火锅城　　　　地址：崇文门西大街6号楼　电话：65121479
成都白帝城火锅城分号　　地址：光明楼板厂南里2号　电话：67125227
成都草堂酒家　　　　　　地址：海淀颐和园路21号　电话：62544941
蜀蓉酒楼　　　　　　　　地址：德外大街96号　电话：62010819
太白楼酒家　　　　　　　地址：西城区二里沟文兴街西口　电话：68333397

天津风味

狗不理包子铺　　　　　　地址：地安门外大街155号　电话：64043097
狗不理海淀分店　　　　　地址：木樨地茂林居3号楼　电话：68516586

潮州风味

渔都海鲜城　　　　　　　地址：朝阳区三里屯工体东门　电话：65085851
中侨潮州酒楼　　　　　　地址：前门西正阳市场3号楼　电话：63036220
潮福源大酒楼　　　　　　地址：朝阳区安苑北里14号　电话：64910401
潮福源大酒楼海淀分店　　地址：万泉庄路盛唐饭店内　电话：62564433-3903
潮州海鲜酒家　　　　　　地址：前门东大街3号首省宾馆　电话：65129988-3583
御潮大酒楼　　　　　　　地址：东四大街甲108号　电话：65223648

湖南风味

马凯餐厅　　　　　　　　地址：地安门外大街3号　电话：64044889
曲园酒楼　　　　　　　　地址：西单北大街
曲园酒楼车公庄分号　　　地址：车公庄月树胡同24号　电话：66160240

云南风味

西双版纳风情楼　　　　　地址：朝阳区金台路商业街10号　电话：65088704

新疆风味

吐鲁番餐厅　　　　　　　地址：珠市口西大街191号　电话：63033167

东北风味

林鲁雪原餐厅　　　　　　地址：海淀区阜成路19号　电话：68457505
向阳屯食村　　　　　　　地址：海淀区万泉河路15号　电话：62562967
老三届酒家　　　　　　　地址：交道口南大街140号　电话：64072591

德克萨斯扒房
特色：美国、墨西哥风味
地址：朝阳区丽都假日饭店一层
电话：64376688-1849

墨西哥风味餐厅
特色：墨西哥风味
地址：朝阳区光华路小学旁
电话：65063961

瑞士餐厅
特色：瑞士、美国、德国风味
地址：朝阳区国都茂盛宾馆一层
电话：64565588-1409

硬石餐厅
特色：美国风味
地址：朝阳区亮马河饭店西大堂
电话：65016688-2571

美国波士顿
特色：美国风味
地址：海淀区海淀大街22号
电话：62557825

亚的里亚意大利餐厅
特色：意大利风味
地址：朝阳区凯宾斯基饭店对面
电话：64600896

王朝餐厅
特色：法式
地址：朝阳区京伦饭店一层
电话：65002266-53

澳马克亚姆餐厅
特色：印度风味
地址：朝阳区亚太大厦一层
电话：65139988-20188

芭蕉别墅越南餐厅
特色：越南风味
地址：朝阳区新源南路2号
电话：65003388-5697

樱花园
特色：日本料理
地址：朝阳区建外大街21号国际俱乐部内
电话：65004275

八道江山大酒家
特色：韩国料理
地址：朝阳区静安东里乙18号
电话：64631388

高丽酒店
特色：韩国料理
地址：东城区南河沿华龙街204号
电话：65125137

汇珍真膳酒家
特色：韩国料理
地址：朝阳区北四环中路安立路8号
电话：64913371